O capital *e a* Lógica
de Hegel

FUNDAÇÃO EDITORA DA UNESP

Presidente do Conselho Curador
Mário Sérgio Vasconcelos

Diretor-Presidente
Jézio Hernani Bomfim Gutierre

Superintendente Administrativo e Financeiro
William de Souza Agostinho

Conselho Editorial Acadêmico
Danilo Rothberg
Luis Fernando Ayerbe
Marcelo Takeshi Yamashita
Maria Cristina Pereira Lima
Milton Terumitsu Sogabe
Newton La Scala Júnior
Pedro Angelo Pagni
Renata Junqueira de Souza
Sandra Aparecida Ferreira
Valéria dos Santos Guimarães

Editores-Adjuntos
Anderson Nobara
Leandro Rodrigues

RUY FAUSTO

O capital *e a* Lógica *de Hegel*
Dialética marxiana, dialética hegeliana

(edição revista e modificada)

Tradução
Arthur Hussne Bernardo
Nicolau Spadoni
Paulo Amaral

Originalmente publicado na França, sob o título
Le Capital *et la* Logique *de Hegel: Dialectique marxienne, dialectique hégélienne*
© 1997 L'Harmattan
www.harmattan.fr
© 2021 Editora Unesp

Direitos de publicação reservados à:

Fundação Editora da Unesp (FEU)
Praça da Sé, 108
01001-900 – São Paulo – SP
Tel.: (0xx11) 3242-7171
Fax: (0xx11) 3242-7172
www.editoraunesp.com.br
www.livrariaunesp.com.br
atendimento.editora@unesp.br

Dados Internacionais de Catalogação na Publicação (CIP) de acordo com ISBD
Elaborado por Vagner Rodolfo da Silva – CRB-8/9410

F268c

Fausto, Ruy
    O capital e a lógica de Hegel: dialética marxiana, dialética hegeliana / Ruy Fausto. Traduzido por Arthur Hussne Bernardo, Nicolau Spadoni e Paulo Amaral – São Paulo: Editora Unesp, 2021.

    Tradução de: Le Capital *et* La Logique *de Hegel: dialectique marxienne, dialectique hégélienne*
    Inclui bibliografia.
    ISBN 978-65-5711-028-7

    1. Filosofia. 2. Lógica. 3. Dialética. 4. Marx. 5. Hegel. 6. O capital. I. Título.

2021-996   CDD 100
                                                                                           CDU 1

Editora afiliada:

Sumário

Prefácio à edição brasileira . *7*

Prefácio à edição francesa (1997) . *13*

Primeira parte: Sobre alguns momentos privilegiados
da dialética em Marx (em torno da apresentação e do
conteúdo do livro I de *O capital*) . *21*

Segunda parte: A dialética de Marx: À procura
de uma caracterização da dialética marxiana:
em torno da apresentação – e do conteúdo de alguns
momentos – dos três livros de *O capital* . *51*

Referências bibliográficas . *183*

Prefácio à edição brasileira

Este livro foi publicado em francês em 1997 (L'Harmattan, Paris), mas permaneceu inédito em português. Esta edição é o resultado da iniciativa generosa de Nicolau Spadoni e Paulo Amaral, mestrandos do Departamento de Filosofia da Faculdade de Filosofia, Letras e Ciências Humanas (FFLCH) da Universidade de São Paulo (USP), assim como do meu amigo Arthur Hussne Bernardo, licenciado em História, que se dispuseram a fazer a tradução e submetê-la a uma primeira revisão.

Relendo este texto, vinte anos depois da sua redação, sou levado a dois tipos de reflexões.

Uma é sobre a riqueza lógico-dialética de *O capital*, e da sua matriz, a *Lógica* de Hegel. Numa época em que o anti-hegelianismo se transformou numa espécie de bandeira comum de filosofias em dissenso mútuo, na Europa e na América, é bom mergulhar de novo nesse modo de pensar, por excelência conceitual e crítico. Se o rigor teórico existe no plano das ciências humanas e da filosofia, este é, sem dúvida, um dos seus lugares privilegiados. Estamos longe do pensar fácil e acrítico. Talvez, por isso mesmo, a dialética tenha hoje tão má fama.

A segunda reflexão vai em outra direção. Se a dialética de *O capital* se impõe em geral pela sua força conceitual e seu rigor teórico, seria uma ilusão supor que esse juízo implica dar um *satisfecit in limine* à crítica marxiana da economia política. O reconhecimento da sua força teórica geral implicaria tal acordo? Apesar das aparências, não. Uma coisa é reconhecer, digamos, de forma genérica, a força de uma construção teórica. Outra é saber se ela é plenamente satisfatória no trabalho de elucidação crítica do seu objeto (mesmo aquém da questão de saber se este se modificou consideravelmente no tempo). Sem fazer qualquer concessão às filosofias empiristas, é necessário insistir em que as obras teóricas nas ciências do homem, para além do rigor da construção teórica, estão certamente submetidas a exigências de ordem empírica (em sentido bastante amplo). Mas o problema não é apenas empírico. Apesar da sua riqueza e do seu estilo rigoroso, o *corpus* teórico de Marx contém impasses que, até hoje, não foram muito bem resolvidos. Assim, se a crítica da economia política marxiana representa um grande momento da história do pensamento crítico e, mais do que isso, se conserva muito do seu interesse teórico, ela não satisfaz plenamente as exigências que hoje se impõem a uma crítica da economia. É preciso aliar a análise dialética mais rigorosa de *O capital* a um trabalho crítico sem concessões, de caráter ao mesmo tempo racional e empírico, para rastrear dificuldades (e não só as que podem ter advindo das transformações pelas quais passou o seu objeto). Só essa dupla exigência poderá nos levar a uma apreciação justa do que representa hoje essa obra e, mais do que isso, a construir um discurso crítico que seja efetivamente capaz de dar conta do que é a economia capitalista em nossos dias, e do que pode e deve ser dito sobre ela. Assim, se continuo

O capital *e a* Lógica *de Hegel*

fiel ao projeto de uma crítica da economia política, estou longe de estar convencido não apenas de que a versão que oferece Marx seja a única possível, mas de que ela possa ser considerada, no estado atual tanto do próprio objeto como do conhecimento dele, como satisfatória. Não é apenas por razões teóricas que o mundo contemporâneo necessita dispor de uma crítica da economia política rigorosa, sob todos os pontos de vista. A crise atual (política, social, econômica, ecológica, moral) como que a exige, mesmo se, evidentemente, ela não é mais do que uma condição necessária para evitar o abismo que nos ameaça.

Hoje, as opiniões se dividem entre os que acreditam na crítica marxiana da economia política e os que abandonaram o projeto de uma crítica. Claro que seria preciso definir melhor os limites do que é "crítica". Seria difícil, entretanto, avançar muito nessa análise nos limites deste Prefácio. Diria apenas que é possível seguir caminhos críticos alternativos *utilizando de resto pistas teóricas que o próprio O capital oferece*. De fato, há, na grande obra de Marx, mais do que um caminho crítico. Para me limitar a uma indicação: uma alternativa possível giraria em torno do problema da "apropriação" da riqueza. De fato, em *O capital* e nas demais obras que compõem o *corpus* teórico da crítica marxiana da economia política, encontra-se o tema da *apropriação* da riqueza, e ele parece ser um bom ponto de partida para uma reflexão crítica a respeito da solidez não só teórica, mas também empírica de toda a construção.[1]

---

1 No presente livro, como em outros, refiro-me abundantemente à chamada "interversão das leis de apropriação" da riqueza. Aqui, não evoco particularmente o problema da "interversão" das leis de apropriação, mas o tema geral da apropriação.

Quanto à leitura do *corpus* marxiano que ofereço neste livro publicado em 1997, poderia dizer o seguinte. Por um lado, não duvidaria em afirmar que me identifico com essa leitura, embora ela date de mais de vinte anos atrás. *Em grandes linhas*, não teria nada a modificar. Só que, feita uma inspeção mais cuidadosa do texto que apresentei em 1997, descobri no plano micrológico, por trás de um acerto global, várias imprecisões e obscuridades. Faltavam também mediações essenciais à boa clareza do texto. Não tive escrúpulo em introduzir modificações onde isso me pareceu necessário. Entretanto, se me empenhei em não deixar subsistir nada que eu considerasse como propriamente errôneo, optei por não mudar *a essência* do escrito onde ele, simplesmente, enveredava por caminhos um pouco tortuosos. Procedi assim porque, se posso dizer desse modo, um livro antigo merece respeito. Salvo quando o autor efetivamente se perdeu (nesse caso, há de pensar primeiro no leitor...), é preciso, de algum modo, respeitar o trabalho que foi realizado, apesar de suas insuficiências. Entretanto, não só introduzo modificações, mas, sempre que necessário, comento a passagem, e eventualmente proponho uma variante. Foi o que fiz nas notas. Assim, em relação ao livro publicado em 1997, o presente volume contém modificações, comentários e variantes. Estas se pretendem mais claras, e mais *exatas*, mas me pergunto se elas são sempre mais rigorosas do que a passagem original. Também por isso, sempre que possível, não a eliminei.

Resta-me reiterar os meus agradecimentos a Nicolau Spadoni e Paulo Amaral, que se dispuseram ao ingrato trabalho de traduzir este texto, assim como ao meu amigo Arthur Hussne

Bernardo, que fez uma primeira revisão.[2] Sem os seus esforços, este meu *O capital e a Lógica de Hegel* continuaria sendo um livro fechado para os leitores brasileiros que não leem textos em francês.

Boulogne-Billancourt (região parisiense),
março de 2019

---

2 Agradeço também a Elisabeth de Souza Lobo, que colaborou comigo no trabalho da segunda revisão.

Prefácio à edição francesa (1997)

I. A questão da relação entre a dialética marxista e a dialética hegeliana é, sem dúvida, antiga, mas, se nos ativermos aos progressos científicos efetivos e aos resultados obtidos, diríamos que ela permanece aberta.

No que diz respeito à situação na França, será preciso observar o seguinte: no que se refere à leitura de Marx, incluindo sua relação com Hegel, assistimos, há vários anos, a um bloqueio que se apresenta sob a forma de uma antinomia entre duas leituras supostamente contraditórias e, mais que isso, desprovidas de qualquer terceiro: de um lado, as leituras althusserianas e, de outro, as leituras *anti*-althusserianas, *grosso modo* humanistas e historicistas.[1] Com efeito, é impressionante como, durante anos, não só essa alternativa se apresentou como um fato, no sentido de que a maioria dos textos sobre Marx

---

1 Dir-se-á que estou exorcizando fantasmas do passado. Mas, como a continuação do texto tentará mostrar, este debate, na França, foi antes recalcado do que resolvido. O elogio ritual e acrítico a Althusser que se encontra mesmo em obras recentes é a prova disso.

publicados na França eram organizados, efetivamente, segundo esses dois eixos, mas também como estes eram introduzidos à maneira de um princípio absoluto de classificação de todo escrito, pelo menos filosófico, que tratasse de Marx, e mesmo daqueles que, embora raros, escapavam dessa alternativa. A tal ponto que, na base de uma razão aparente (interesse por este ou aquele aspecto da obra, suposto rigor da pesquisa etc.), toda interpretação de Marx, mesmo as que se situassem alhures, era conduzida à força a um dos dois casos.

Com alguma diferença, essa alternativa se manteve mesmo no período mais recente. Apesar de alguns textos interessantes, poder-se-ia reconhecer ainda, na literatura marxológica dos anos 1990,[2] os sinais de pertencimento a um ou outro dos dois universos, sendo a novidade a emergência de um *falso* terceiro, o *ecletismo*. Na verdade, querendo, sem dúvida, escapar daquilo que é *pressentido* como um esquema sufocante, em nome de uma abertura de espírito cujas virtudes se redescobre, cai-se numa espécie de vale-tudo. Acolhe-se, sem verdadeira crítica, a contribuição de todos, pelo menos de todos aqueles que são "a favor de" Marx. Eis aí uma garantia bastante equívoca de antidogmatismo e de universalismo.

Vejamos como as duas leituras extremas se situam em relação ao nosso problema.

Os althusserianos se engajaram em um trabalho de purificação das supostas escórias hegelianas que teriam aderido ao discurso de Marx, em nome de um cânone de leituras com-

---

2 Destaco um texto rigoroso sobre a relação Hegel/Marx assinado por um eminente especialista em Hegel: Bourgeois, Le "Noyau rationnel" hégélien de la pensée de Marx, *Actuel Marx*, Paris: PUF, n.13, 1º sem. 1993.

O capital *e a* Lógica *de Hegel*

pósito, em que se encontram, mais ou menos transfigurados, Spinoza e Bachelard, Lacan e o estruturalismo. O resultado foi, sem dúvida, um formidável fracasso, que se corre o risco de ver escondido pelo sucesso internacional do althusserismo, cujo eco é constatável ainda hoje. A bem pensar, esse sucesso é, antes, revelador. Cito um texto, "extremo", é verdade, mas autêntico. Na nota introdutória à reedição da tradução francesa de Roy do livro I de *O capital*, Althusser deseja que "no limite [...] *se reescreva a seção I de* O capital de maneira que ela se torne um 'começo' que não seja de maneira alguma árduo, mas simples e fácil".[3] Sabe-se que, na seção I, encontra-se, como por acaso, alguns dos textos de Marx em que a herança hegeliana é mais evidente. Observemos, por outro lado, para evitar qualquer mal-entendido, que a preocupação de Althusser vai muito além da que concerne a um registro meramente pedagógico.

Com a mesma legitimidade poder-se-ia escrever "notas introdutórias" às *Meditações* ou à primeira *Crítica* de Kant a fim de aliviar o peso do procedimento do *cogito* ou da dedução dos princípios. É evidente que a relação que liga Marx a nosso tempo é diferente daquela que nos vincula a Descartes ou a Kant, mas isso não modifica essencialmente a situação, mesmo se, por essa razão, o estatuto da crítica do texto é alterado. Por mais necessário que seja contextualizar um texto que, em sua essência, é contemporâneo, estamos sempre diante da tarefa de, antes de tudo, lê-lo, e lê-lo rigorosa e fielmente. Por mais superficial que possa parecer a fórmula, a crítica só pode *se acrescentar* a uma leitura que, pela sua própria situação, deve ser tanto mais rigorosa. E, a propósito da crítica, assinalemos

---

3 Marx; Engels, *O capital*, livro I, p.22, grifos de Althusser.

que, no caso dos althusserianos, tratava-se menos de criticar Marx do que de opor um Marx de direito ao Marx dos textos.

Contudo, isso representa apenas parte do que está em jogo. Na verdade, já se criticou muito o althusserismo; mas essa crítica se revela insuficiente e corre mesmo o risco de ser uma fonte de confusões, se não se encetar o movimento oposto (aqui me limitarei a indicá-lo), a saber, o que visa mostrar que seus adversários humanistas e historicistas não se saíram melhor. Poder-se-ia perguntar em que a abundante literatura humanista e historicista ajudou a decifrar a relação que liga Marx a Hegel, o que significa, enfim, se perguntar em que ela faz progredir a compreensão da dialética de Marx. Os antialthusserianos às vezes reivindicam Hegel (por exemplo, quando defendem o historicismo, concebido de maneira errônea, como uma expressão do hegelianismo), às vezes se distanciam conscientemente de Hegel, porém o mais frequente é que, embora dando respostas inversas às dos althusserianos, eles se abstêm de propor o problema em sua forma geral. A dialética de Marx e a definição da relação Hegel/Marx são tidas como tão bem conhecidas que não se tornam, por si mesmas, objeto de uma pesquisa. Vê-se com isso, diga-se de passagem, em que sentido os antialthusserianos permanecem, sob certo aspecto, aquém de seus adversários. Mas, em todos esses casos, suas bases se revelam tão estranhas à dialética quanto as dos althusserianos. Pode-se dizer, nesse sentido, que, apesar de sua oposição, ou antes, por causa disso mesmo, uns e outros remetem ao *entendimento* (e não à razão). Em face da dialética, seus fundamentos teóricos gerais são *os mesmos*.[4]

---

4 É o que tentei mostrar há vários anos. Para os textos em português, ver Fausto, *Marx: lógica e política*, v.I (São Paulo: Brasiliense, 1983; 2.ed., 1987 – a partir dessa edição, e nos volumes subsequentes,

O capital *e a* Lógica *de Hegel*

De tudo isso resulta que a antinomia é, por si mesma, interessante, mas sob a condição de manejá-la de maneira apropriada. De fato, *uma vez compreendido o caminho de sua resolução,* pelo seu próprio movimento, ela nos dá acesso à dialética. E ainda mais: como acontece com frequência, o atraso devido a um bloqueio permite, posteriormente, um avanço qualitativamente importante.

No texto que leremos, não se tratará, no entanto, de desenvolver a antinomia (fiz esse trabalho em outro lugar), mas de estudar a lógica da crítica marxiana da economia política, e sua relação com a lógica de Hegel, a partir da análise de O capital. Porém, o resultado não deixa de conter, implicitamente, a crítica das duas falsas leituras opostas-complementares.

II. Este volume era originariamente o terceiro tomo de uma série sobre O capital e a *Lógica* de Hegel, série que representava ao mesmo tempo uma espécie de comentário do livro de Marx.

----

com o subtítulo "Investigações para uma reconstituição do sentido da dialética"); v.II (São Paulo: Brasiliense, 1987); e v.III (São Paulo: Editora 34, 2002) (abrevio por MLP), e reedição aumentada e revista do volume I pela Editora Vozes (Petrópolis, 2015), sob o título *Sentido da dialética (Marx, lógica e política)* (abrevio por SL); além de *Dialética marxista, dialética hegeliana: a produção capitalista como circulação simples* (São Paulo: Brasiliense; Paz e Terra, 1997). Para as publicações em francês, ver a versão francesa do primeiro volume da obra que acabo de citar, Fausto, *Marx: logique et politique, recherches pour une reconstitution du sens de la dialectique* (diversas partes desse livro apareceram em revistas francesas desde o final dos anos 1970), e também *Recherches sur la formation et la portée de la dialectique dans l'œuvre de Marx*, 2 volumes, tese de doutorado de Estado em Letras, Universidade Paris I, 1988. Parte do conteúdo dessa tese se encontra, em português, em MLP, v.II, e MLP, v.III.

O primeiro tomo dessa série é o volume já referido, publicado conjuntamente pela Brasiliense e pela Paz e Terra, em 1997, *Dialética marxista, dialética hegeliana: a produção capitalista como circulação simples*. Do tomo intermediário, tenho uma primeira versão, redigida há bastante tempo, mas que hesitei e hesito em publicar, porque, no estado em que ela se encontra, não representa mais do que um simples comentário de texto. Além do que, para se apresentar realmente como uma obra unitária, o conjunto teria de ser reescrito.

Ocupado com outros trabalhos, principalmente com os do terceiro volume de *Marx: lógica e política*, que saiu no início do século, resolvi publicar este volume, em francês, em 1997, como um livro independente. Agora, mais de vinte anos depois, o republico em português, e, salvo melhor juízo, com o mesmo caráter.[5]

O livro se compõe de duas partes, de tamanho desigual, das quais a primeira era, na origem, um posfácio. O deslocamento teve o objetivo de preencher os vazios que a segunda, transformada em livro independente, poderia ter deixado pelo caminho.

A Primeira Parte versa sobre a apresentação do livro I de *O capital* e sobre o conteúdo de alguns dos seus momentos. Ela tem a intenção de mostrar, por meio do desenvolvimento de alguns momentos filosoficamente privilegiados do livro I, em que sentido rigoroso se pode falar de *dialética* em Marx. Não se

---

5 Um adendo sobre a política de Marx, inserido na edição francesa não está incluído neste volume. Ele se encontra, em versão revista, no meu livro de ensaios *A esquerda difícil, em torno do paradigma e do destino das revoluções do século XX, e alguns outros temas*, que a Editora Perspectiva publicou em 2007.

trata, ainda, de pôr em evidência as diferenças entre as dialéticas de Marx e Hegel, mas, antes, de mostrar o enraizamento de Marx naquilo que deveríamos chamar de dialética dos modernos, cujo primeiro representante é Hegel.

A Segunda Parte tem como objeto a apresentação do conjunto dos três livros de *O capital*, assim como o conteúdo de alguns de seus momentos. Diferentemente da primeira, ela é uma tentativa de definir, com rigor, o que separa a dialética marxista da dialética hegeliana, mas retomando, para começar, as suas bases comuns.

Que a Primeira Parte, na qual ainda não se trata de distinguir as duas dialéticas, verse sobre o livro I de *O capital*, não deve levar à conclusão de que o "hegelianismo" de Marx se situa exclusivamente no livro I. As coisas são mais complexas. Por isso mesmo, na Segunda Parte, retomo, por outro prisma, um dos momentos analisados na primeira.

*

Agradeço ao meu amigo Dominique Dufau, que me ajudou a fazer a revisão deste livro. Ao longo do trabalho de digitação do texto, trabalho que ele assegurou, discutimos a forma — e também o conteúdo — da obra. Agradeço, igualmente, à Catherine Goldmann, assim como a Federica Giustacchini, que colaboraram na revisão da primeira versão do texto.

PRIMEIRA PARTE
*Sobre alguns momentos privilegiados
da dialética em Marx
(em torno da apresentação e do conteúdo
do livro I de* O capital*)*

I – Introdução

Onde se encontra o "hegelianismo" de Marx? A dificuldade não reside em uma insuficiência, quantitativa ou qualitativa, das passagens de Marx que poderiam nos conduzir a Hegel. Ela está, antes, na pletora.

O "hegelianismo" de Marx está, primeiro, lá onde – porque visível – ele se torna invisível: na própria *apresentação* de *O capital*, e em primeiro lugar, na do livro I. Toda tentativa de apresentar – de maneira rigorosa – o conteúdo de *O capital* e suas articulações encontra movimentos e conceitos de extração hegeliana. Poderíamos dizer que os lugares privilegiados da dialética em Marx e, em parte, de seu "hegelianismo" são, atendo-se a *O capital*, a seção primeira do livro I, a circulação simples e o início da sétima seção do mesmo livro, onde se encontra o tema da interversão das relações de apropriação.

Na medida em que, entre esses dois momentos, encontra-se um desenvolvimento intermediário, representado pelas seções II a VI, o qual é preciso levar em conta, visar esses dois momentos corresponde, mais ou menos, a abordar a "estrutura" do livro I. Mas é justamente através desses dois extremos que a questão da dialética se põe da maneira mais rica e mais difícil, e é também com relação a eles que abundam os mal-entendidos e as falsas leituras. De onde, parece, o acerto de uma abordagem que lhes dê um lugar de destaque.[1] Entretanto, não farei a análise detalhada do conteúdo da seção I, ainda que ela seja necessária a toda discussão sobre a dialética de Marx, e isto porque já a fiz alhures (ver as indicações da nota 4 do "Prefácio da edição francesa de 1997"). Quanto à interversão das relações de apropriação, de que me ocuparei em ambas as partes, dou a ela, aqui, uma versão mais desenvolvida do que a que forneci anteriormente. Ao tratar desse tema, me permiti ir além daquilo que o contexto exigia. É que estamos aí diante de um dos lugares mais importantes e menos conhecidos da crítica marxiana da economia política.

2 – A produção capitalista como circulação simples

A primeira seção do livro I, a circulação simples, na verdade *a produção capitalista enquanto circulação simples*, é permeada de hegelianismo, e é por não ter compreendido a dialética hegeliana que alguns querem colocar esse começo entre parênteses. Limitar-me-ei aqui à questão – a mais difícil, e a mais precisa – do seu sentido geral. Ela se apresenta sob a forma do problema clássico: a primeira seção tem ou não por objeto o modo de

---

[1] Na Segunda Parte, retomo em detalhe aqueles três momentos "estruturais" do livro I.

producão capitalista? Permito-me respondê-la resumindo uma longa passagem de MLP, v.I:[2]

a teoria da circulação simples se refere efetivamente ao capitalismo, ou não se refere a ele? Ao afirmar que ela trata da *aparência* do capitalismo, digo à primeira vista que o seu objeto é o capitalismo (considerado em certo nível [pelo menos]). E entretanto, não é estranho e mesmo absurdo dizer que uma teoria em que o capital não está presente, e [...] cujo movimento [posto] se orienta pelo valor de uso (ou que tem como finalidade [posta] o valor de uso e a satisfação das necessidades e não a valorização do valor) é uma teoria do capitalismo? [...] Aqueles que [...] se recusaram a ver no objeto [...] algo que poderia [corresponder] ao capitalismo tinham [...] razões sólidas para fundamentar essa recusa. *Assumamos essa recusa* [...]. Seríamos levados então à hipótese oposta: o objeto da seção I não é o capitalismo. E entretanto, essa tese não deixa de oferecer dificuldades [...]. É na seção I que Marx introduz tanto o valor como o trabalho abstrato. É pensável uma teoria cujo objeto *não é* o capitalismo e que trata entretanto do trabalho abstrato e do valor? [...] Para Marx, fora do capitalismo, trabalho abstrato e valor não existem *enquanto tais* (isto é, eles só poderiam existir como são as coisas no interior de uma pré-história: elas existem e não existem). Como pensar então uma teoria que tem por objeto *outra coisa* que não o capitalismo e que introduz determinações que enquanto tais [...] só podem existir no capitalismo? [...] *Se considerarmos o movimento de*

---

2 Alguns ecos de minha resposta podem ser encontrados na literatura sobre Marx dos anos 1990, mas em geral diluídos em um contexto eclético.

"*redução ao absurdo*" *de cada tese, somos assim conduzidos de um oposto ao outro num movimento infinito – um mau infinito – incessante* [...] [Mas a] saída está no próprio fechamento. Para sair do círculo antinômico do mau infinito, é preciso [...] se *instalar* nesse círculo. Operação que é [...] a mais difícil, porque [...] é a mais fácil. [...] Deve-se dizer, portanto, que *o objeto da seção I é e não é o capitalismo, ela se refere e não se refere ao capitalismo* [...]. Mas uma tal resposta deve ser precisada [...]. [A circulação simples][3] que é um *momento* da produção capitalista, está na realidade *em contradição* com as leis essenciais do sistema. Esta aparência do sistema, momento dele, remete a leis que são *opostas* às leis do *capitalismo* [...]. As leis da essência "negam", na realidade, esta aparência [...]. A aparência só existe no [...] conjunto do sistema [...] enquanto *aparência* "*negada*" [...]. Ora, a teoria que apresenta a seção I é precisamente a teoria dessa aparência que é "negada" [...]. Mas na seção I, porque se está no ponto de partida, *põe-se entre parênteses essa* "*negação*". *A aparência* "*negada*" *pelo sistema é, aqui, posta*. O que é negativo ou, antes, "negado" no sistema aparece aqui em forma positiva. [Completa-se com isso] a resposta ao problema de saber se a seção I tem por objeto o capitalismo. Ela tem por

---

3 Eu havia escrito, no texto, a "produção simples de mercadorias". Mesmo acompanhada de todas as explicações sobre o destino negativo de seu objeto – que é, justamente, um "momento", no sentido técnico, uma determinação a suprimir –, essa expressão, que Marx nunca emprega *para visar esse momento*, deve ser evitada. Marx fala, a propósito, de "produção de mercadorias", expressão que é menos suscetível a levar a uma cristalização do primeiro momento. Só que, como veremos posteriormente, a "produção de mercadorias" acaba por denotar mais do que a circulação simples. Mas isso, longe de ser uma dificuldade, parece corresponder bem à complexidade do estatuto dessa seção I junto com o das quatro seções seguintes. Ver *infra*.

O capital *e a* Lógica *de Hegel*

objeto o capitalismo no sentido de que ela trata da aparência do capitalismo, aparência que [...] é ela própria [a] unidade de uma essência e de uma aparência.[4] [Só que ela] *põe o que o capitalismo*

---

4 *Nota de março de 2019*: "Aparência que é ela própria [a] unidade de uma essência e de uma aparência": essa frase deve ser mais bem justificada (ousaria dizer que é a única frase de toda essa passagem que ainda exigiria melhor justificação). Na realidade, a essência, ou, mais precisamente, o "fundamento" (justificarei mais adiante as aspas), não faz parte da aparência, nem aparece propriamente. É necessária uma justificação particular para a presença do fundamento na seção I.
Poder-se-ia dizer que é "marca" do fato de que não se trata de apresentar a circulação simples, mas sim da produção capitalista como circulação simples. Mas a explicação é insuficiente. Se se trata da produção capitalista *enquanto circulação simples*, pode-se duvidar da legitimidade daquela presença. Na realidade, Marx opera nesse ponto a posição do que a rigor é pressuposto. De fato, enquanto se trata do modo de produção capitalista *enquanto circulação simples*, os fundamentos, a rigor, não estão presents, mas também não estão ausentes: eles são *pressupostos*. Na seção I, Marx põe essa pressuposição. Na realidade, em termos muito gerais, o que ele faz aí é análogo ao seu procedimento em relação ao que, digamos, representa o sentido geral da seção I (ou, preferindo, em relação à circulação m-d-m, na medida em que esta representa bem esse sentido geral). Como vimos, o procedimento geral representa a posição de um pressuposto. Mas atenção à diferença: o procedimento geral vai contra o regime que terá a determinação no corpo da obra (pelo menos até a segunda unidade estrutural). A operação com o fundamento (e a sua substância), pelo contrário, parece fazer violência ao que seria exigível no momento considerado. Assim, se sob um aspecto os dois procedimentos são paralelos, de outro ponto de vista, eles são inversos. Mas nos dois casos lida-se com os mesmos elementos lógico-dialéticos. E passa-se de um ao outro. Penso ter explicado no texto a primeira posição (a passagem "geral" de um pressuposto a um posto). Essa segunda passagem, a que visa fundamento e subs-

nega, ela apresenta como positivo o que no capitalismo é negativo [...]. O
objeto da seção I [...] é pois, de certo modo, o capitalismo com
os sinais invertidos [...], mas "sinais invertidos" remete aqui à

---

tância também se justifica? A justificação, em princípio deve ser a
mesma. Estamos no início da apresentação, e deve-se começar pondo
e não pressupondo (em sentido dialético). Deve-se começar pelo
positivo, não pelo negativo. É verdade que o resultado é comple-
xo. Marx teria uma alternativa? Poderia ele, por exemplo, omitir os
fundamentos (fundamento e substância) na seção I? Ou só pres-
supô-los? Omitir, impossível, para quem quer tratar da circulação
simples *como momento da produção capitalista*. Pressupor? Mas de que
modo? A solução que lhe pareceu melhor, e que provavelmente é mesmo a melhor, é de efetuar essa "passagem ao limite" que representa
(pelo menos em parte dos casos) a posição de uma pressuposição.
Os fundamentos entraram como fundamentos postos, embora se
tenha apenas o momento "circulação simples" da produção capitalista. Mas, *em certo sentido*, os fundamentos da circulação simples (e *a
fortiori* em se tratando dela como momento da produção capitalista)
são de fato... o "valor" e o "trabalho abstrato". Marx tira as aspas.
A sequência da apresentação mostrará o significado dessa reunião
aparentemente compósita de elementos. — Voltei a esse problema
em grande parte graças à crítica que me endereçou Jacques Texier
(1932-2011), cofundador da revista *Actuel Marx*, e autor, entre outros, de *Révolution et démocratie chez Marx et Engels*, num ensaio muito
interessante sobre a versão francesa do meu MLP, v.I, "A dialética, o
homem e o valor, segundo Ruy Fausto", publicado em *Discurso*, revista do Departamento de Filosofia da FFLCH da USP, n.18, p.81,
1990. Ele tinha razão em ver aí um problema. Mas penso ter dado
conta da dificuldade com as considerações que acabo de fazer. Texier faz de resto algumas observações interessantes: ele lembra que
a circulação m-d-m (no consumo improdutivo do trabalhador) é
incorporada à circulação geral do capital, que lá *aparece* como se se
tratasse da circulação simples. Por outro lado, lembra o tema das
"mercadorias como produto do capital", que se encontra no famoso
"Resultados do processo imediato de produção", capítulo 6, primi-

O capital *e a* Lógica *de Hegel*

operação de [...] *pôr o que, na realidade, está "negado"* [...]. Que ela [a circulação simples] seja a "negação" de algo positivo é também verdade, [...] pois [aí] o capital é posto entre parênteses [...].[5]

---

tivo, de *O capital* (conhecido como "inédito"). A minha impressão (que só um estudo mais preciso do texto permitiria confirmar ou desmentir) é a de que efetivamente Marx tenta aí (como Texier parece sugerir) um caminho alternativo ao da apresentação pela qual finalmente optou. Expõe a mercadoria (com os fundamentos?), introduz em seguida o capital enquanto tal, e depois oferece uma nova apresentação da mercadoria, agora como produto do capital. Marx, finalmente, preferiu a exposição "sintética" e aparentemente paradoxal: circulação m-d-m fundada no valor e no trabalho abstrato. De minha parte, diria que ele fez a boa escolha. – Quanto àquilo que, no mais, Texier escreve, prefiro não discutir aqui. Creio que temos algumas divergências, mas, antes de mais nada, seria preciso explicitar melhor as minhas teses, diante do que parecem ser as suas. Ressalto apenas duas questões de natureza lógica, em torno das quais talvez divergimos. Para mim: 1) a segunda negação – viso em particular a segunda negação da circulação simples, que se encontra no terceiro momento estrutural de *O capital*, ver *infra* – não liquida o objeto, embora retire dele mais uma camada de sentido; 2) a contradição dialética, não é a contradição lógica corrente (Texier não disse o contrário, mas creio que subsiste alguma ambiguidade, a julgar pela maneira pela qual reage à "contradição"). Esta é, no entanto, uma forma "escandalosa", assim como a dialética, em geral, é uma forma escandalosa de pensar, que o entendimento recusa. Como Jacques Texier desapareceu em 2011, não há, infelizmente, como travar agora uma discussão que deveria ter sido feita há vinte anos. Fica a minha homenagem a esse excelente analista, que recebeu o meu livro com muita generosidade, mas com o qual, infelizmente, por razões acidentais, conversei muito pouco.

5 Fausto, MLP, v.I, p.181-4; e p.219, nota 102; id., SL, p.257-64. Nessa passagem, a nova edição segue o texto original com uma única diferença na nota 350 à p.264 (cf. p.219, nota 102, das primeiras edições), onde, em vez de "o capital é posto entre parênteses",

Essa resposta não poderia ter sido dada sem que interviessem movimentos e conceitos próprios à lógica hegeliana, em particular a distinção, *em sentido dialético*, do *pressuposto* e do *posto*. "Pressuposto" e "posto" não têm, na dialética, o seu sentido habitual: embora sendo anterior, o primeiro não funda o último, mas é negado, contraditado, por este. Assim, esta apresentação do conteúdo da circulação simples se revela impossível sem fazer apelo à negação e à contradição hegelianas.

3 – A interversão das relações de apropriação

A interversão

O outro momento que privilegiei se situa no início da sétima seção, mais precisamente no capítulo 21 (a reprodução simples), e no parágrafo 1º do capítulo 22 do livro I, intitulado "O processo de reprodução em escala ampliada, *interversão das leis de propriedade da produção de mercadorias em leis da apropriação capitalista*".[6] A esse respeito, é impressionante constatar como o conteúdo desses textos, e mesmo, simplesmente, o seu sentido geral, foi ignorado ou mal conhecido.[7] A razão desse curto-circuito é a

---

que conservei na citação, tem-se "o capital é 'negado' na circulação simples".

6 Grifo meu.

7 A principal exceção é Rosdolsky, que desenvolve esse tema tal como ele se encontra nos *Grundrisse*. Ver Rosdolsky, *Zur Entstehungsgeschichte des marxschen "Kapital", Der Rohentwurf des "Kapital", 1857-1858*, v.I, cap.19, p.302; id., *La Genèse du "Capital" chez Karl Marx, I Méthodologie, Théorie de l'argent, Procès de production*, p.331. Segundo Rosdolsky (ver *Zur Entstehungsgeschichte...*, op. cit., p.31, trad. p.42-3), Kautsky su-

O capital *e a* Lógica *de Hegel*

mesma da proposta de "simplificação" da teoria da circulação simples: num caso e no outro, trata-se de um texto rigorosamente dialético. A interversão das leis de propriedade/apropriação assinala o terceiro momento "estrutural"[8] da apresentação do livro I (que é, na realidade, uma auto apresentação do sistema).

---

pôs, equivocadamente, que a interversão das relações de apropriação, tratada nos manuscritos de Marx, que ele havia examinado, correspondia àquilo que em *O capital* aparecia como a "tendência histórica da produção capitalista" (cap.23). Rosdolsky rejeita essa interpretação de Kautsky, daquilo que "constitui na verdade *'o ponto marcante'* [*springender Punkt*] na crítica [*marxiana*] *dos clássicos*" (Rosdolsky, *Zur Entstehungsgeschichte*, op. cit., p.32, trad. p.44, tradução modificada, grifos meus. Em geral, refiz as traduções). Tratei anteriormente do tema da interversão das relações de apropriação: 1) brevemente, mas já fazendo referência ao esquecimento do tema e a Rosdolsky, no meu artigo "Abstraction réelle et contradiction: sur le travail abstrait et la valeur", em *Critiques de L'Économie Politique* (Maspero, nova série, n.3, p.111-2, abr.-jun. 1980), e em duas conferências sobre a apresentação de *O capital*, realizadas em 1979 e 1981 (esta última gravada pelos organizadores), no Centre d'Études des Modes d'Industrialisation de l'École des Hautes Études en Sciences Sociales; 2) no ensaio 1, de MLP, v.I, sobretudo p.51-63; 3) no ensaio 4, sobretudo p.233-6.

8 Nesta Primeira Parte, vou me referir algumas vezes à interversão, e àquilo que se segue à interversão, como representando o *segundo* momento, em oposição àquela em que predomina a lei de propriedade da produção de mercadorias, que representa o primeiro (o primeiro momento corresponde, em princípio, à circulação simples, mas, para as finalidades dessa leitura específica, já no texto de Marx, ele se prolonga de maneira a incluir a sua *primeira* negação, o capital como capital anteriormente à reprodução – este é precisamente o campo que, em *O capital*, designa a "produção de mercadorias"). Na Segunda Parte, quando tratarei mais em detalhe da estrutura global do livro I de *O capital*, opto pelo esquema *triádico*, esquema mencionado, mas não desenvolvido nesta Primeira Parte, e, dessa perspectiva, o mo-

Como vimos, a circulação simples punha o modo de produção capitalista com os sinais invertidos: a aparência — e também os "fundamentos" primeiros[9] — que o modo de produção capitalista, ele próprio, "nega", e que é, entretanto, a *sua* aparência, se encontra, aí, posta; e, inversamente, aquilo que a produção capitalista põe, o capital aí se apresenta somente enquanto "negado". Isto significava, é preciso agora acrescentar, que na circulação simples estava posto aquilo que Marx chama de *a lei de propriedade da produção de mercadorias*,[10] lei segundo a qual a propriedade provém direta ou indiretamente do *trabalho próprio*. Com efeito, nos limites da circulação simples, o produtor obtém, de forma direta ou indireta, o produto de seu trabalho e este é, nesse "momento", a única maneira de se apropriar das mercadorias.

Em um segundo momento "estrutural", o que corresponde às seções de II a VI do livro I, essa lei é *"negada" uma primeira*

---

mento que se abre com a interversão das relações de apropriação não será mais o segundo, mas o terceiro. A estrutura dual coexiste, assim, com o esquema triádico. Sempre que me parecer necessário, escreverei "momento *estrutural*" quando tiver em vista a escansão triádica.

9 Sobre esse ponto, ver nota 4 deste capítulo.

10 Ver Marx; Engels, *Werke* (abreviarei por W), v.23; Marx, *Das Kapital: Kritik der politischen Ökonomie* (abreviarei por K), v.I, p.123; id., *Le Capital: critique de l'économie politique* (abreviarei por C (L)), p.123: "Não se conheceram até o presente outras relações econômicas entre os homens senão aquelas que ocorrem entre possuidores de mercadorias, uma relação na qual eles se apropriam do trabalho de outro, alienando seu próprio produto" (tradução modificada. Em geral, mesmo em se tratando de traduções de grande qualidade como a de J.-P. Lefebvre, me permitirei introduzir, no decorrer do texto, eventuais modificações). *Nota de março de 2019:* O texto de Marx não se refere evidentemente a todas as formas sociais conhecidas. Ele vale para todas as formas em que há mercadoria, em oposição a uma sociedade futura em que já não seria o caso.

vez. Conforme o que foi explicado, isto quer dizer que a apropriação *capitalista*, ou a lei de apropriação capitalista – trata-se dela –, que no primeiro momento estava presente mas *pressuposta*, isto é, "negada", começa agora a ser posta, mas só através de uma primeira negação (daquela negação). Anuncia-se, assim, a passagem da propriedade pelo trabalho próprio à apropriação sem trabalho (próprio), fundada no trabalho de outrem. Não obstante, tem-se aqui somente uma primeira negação. Se pararmos por aqui, teremos a seguinte consequência: a negação ainda não está plenamente efetuada. De fato, se para se apropriar do trabalho de outrem é preciso dispor de meios de produção, bem como de dinheiro para pagar a força de trabalho, é possível que essa disposição provenha de uma acumulação fundada sobre um "trabalho originário" do capitalista, como o pretendem alguns economistas, clássicos ou "vulgares". Incorre-se assim no risco de que a apropriação pelo trabalho próprio se reintroduza como que "pela janela".

É preciso, portanto, que haja uma segunda negação. E é com essa segunda negação que se efetiva a "interversão da lei de propriedade da produção de mercadorias". Trata-se de uma negação que, diferentemente da primeira, vale, qualquer que seja a origem da "acumulação" que tornou possível a aquisição dos meios de produção objetivos e subjetivos. Independentemente de seu conteúdo, e mesmo ali onde ela fora apresentada no modo aparentemente mais favorável à legitimação do capital, a história – ou, mais precisamente, a pré-história – do capital primitivo será neutralizada.[11]

---

11 Observemos que esse questionamento não estava dado no momento em que foi introduzida a ideia de mais-valia. Pelo contrário, a mais--valia era considerada como sendo o resultado normal de uma troca.

Ruy Fausto

Interversão e reprodução simples

A apresentação desse movimento em *O capital* é bastante complexa e se efetua em dois momentos. No capítulo 21, trata-se de mostrar que a interversão é pensável já no interior dos limites da reprodução simples (isto é, supondo que a mais-valia é gasta de maneira improdutiva). A ideia central é aqui a de que o *segundo* contrato não é o resultado de uma *livre* decisão. Pode-se bem considerar a primeira volta do capital como resultado de um livre contrato, na medida em que se poderia supor que o indivíduo A, que trabalhou "menos", decidiu vender sua força de trabalho ao indivíduo B, que, como resultado de seu próprio trabalho, pôde acumular e adquirir meios de produção e dinheiro; mas, no momento do início da segunda volta, a situação já está alterada: o trabalhador é trabalhador, como o capitalista é capitalista, não como resultado da situação primitiva, mas como resultado da primeira volta, ela própria. Dado que a força de trabalho apenas permite ao trabalhador satisfazer suas necessidades enquanto trabalhador, a segunda volta não resulta somente do processo de produção da mais-valia, mas também da reposição das próprias relações. O processo reproduz o capitalista enquanto capitalista e o trabalhador enquanto trabalhador.[12] O contrato não é mais o resultado de

---

12 Pouco importa, de resto, que o capitalista venha a contratar um *outro* trabalhador. Se, com o movimento da interversão, se estabelece, por um lado, uma continuidade no processo, passa-se, por outro lado, no que concerne aos agentes, da consideração do trabalhador e do capitalista isolados, perspectiva até aqui dominante nos textos de caráter lógico, à consideração das classes (das classes em inércia, não em luta).

uma livre decisão; não há mais livre contrato. Mas, se a segunda volta se funda sobre a primeira, tendo a primeira se fundado sobre o "trabalho primitivo", a segunda volta e o contrato que o precede não se fundam indiretamente sobre o "trabalho primitivo"? Não, no sentido de que há uma espécie de violência no resultado da primeira volta. Dessa primeira volta resulta algo a mais que o trabalhador aliena por ocasião do primeiro contrato. O trabalhador perde sua liberdade no processo. Mas essa inversão de liberdade em não liberdade não conserva ainda certa legitimidade, por causa das suas origens? Em outros termos, essa obrigação de vender a sua força de trabalho no início da segunda volta não é, apesar de tudo, um "eco", mesmo se atravessado por uma inversão da decisão inicial (primeiro, de trabalhar "menos", e depois de vender a sua força de trabalho), e ela não se legitima ainda, pelo menos até certo ponto? Duvidoso, mas, talvez por isso mesmo, faz-se valer aí um novo elemento. As considerações sobre a liberdade introduzem de qualquer modo uma continuidade no processo (continuidade de fato, descontinuidade na legitimação), e esta nos leva a comparar a mais-valia cada vez consumida pelo capitalista, com o capital inicial investido. A mais-valia consumida aparece como uma punção do capital original. E essa leitura passa a valer retrospectivamente, também para a primeira mais-valia consumida, o primeiro elo da cadeia (quando se descobre que o sentido do processo é o de sucessivas punções sobre o capital original, não há por que eximir disso o primeiro gasto;[13] há ainda razões mais

---

13 De certo modo, independentemente mesmo do problema da liberdade do contrato. Aliás, a descoberta do caráter forçado do segundo contrato (e seguintes) introduz a continuidade do processo

gerais que justificam isso, ver adiante o final da nota 21). Mas, enquanto o capital original for superior à totalidade da mais-valia despendida, não se operou completamente a interversão. Porém, percorrido um número suficiente de voltas, de tal modo que a soma da mais-valia gasta equivalha à totalidade do capital investido, a situação se altera. Mesmo se o capitalista supõe guardar seu capital e gastar a mais valia obtida, "nenhum átomo de valor de seu antigo capital continua a existir" (W, v.23; K, v.I, p.595).

Interversão e reprodução ampliada

Poder-se-ia supor que a apresentação da interversão termina aqui, uma vez que aquilo que vale para a reprodução simples deveria valer *a fortiori* para a reprodução ampliada. Contudo, é preciso pôr esta última, em parte porque é ela que corresponde à finalidade do sistema e representa seu processo normal de funcionamento e em parte porque, ao pô-la, a modificação operada no sentido do processo adquire uma outra configuração. É somente nesse momento que aparece como subtítulo "interversão das leis de apropriação". O que importa agora, mais do que a questão da liberdade do contrato (que entretanto é mencionada, mas, aqui, para os capitais suplementares, ela só

(e a comparação entre os gastos sucessivos) e é essa continuidade que leva a pensar que se trata de diferentes punções sobre o capital original. Estabelecida a continuidade, e a mensuração dos gastos, a questão da liberdade não é mais uma condição necessária. Passa-se a um registro quantitativo, a um cálculo, e não há razões maiores para excluir dele o gasto da primeira mais-valia.

é pensável no contexto do conjunto do sistema),[14] é o estatuto dos *capitais suplementares* investidos a cada volta, quer dizer, aqueles que representam a parcela da mais-valia utilizada de maneira produtiva (na hipótese considerada no §1º do capítulo 22, trata-se de toda a mais-valia). Da mesma forma que a questão da liberdade de contrato no quadro da reprodução simples, interessa aqui mostrar sobre o que se fundam os capitais suplementares. O ponto de inversão seria aparentemente o do investimento do primeiro capital suplementar investido na segunda volta. Mas como ele, em princípio, depende do contrato, que, no ponto de partida, é legítimo, o verdadeiro ponto de inversão é mais propriamente o investimento do *segundo capital* suplementar, no início da *terceira volta*.[15] Na realidade, diferentemente do capital primitivo, que poderia depender de um "trabalho originário", e diferentemente também do primeiro capital suplementar, que depende do contrato inicial, o segundo capital suplementar, investido na terceira volta, depende, ele próprio, da mais-valia (ou de uma parte dela) obtida na primeira volta. Se considerarmos o processo em continuidade e com

---

14 Na realidade para os capitais excedentes a "venda forçada" da força de trabalho só se entende como emanando do conjunto do sistema, a menos que se considerem os efeitos a longo prazo do salário, o qual deve cobrir a reprodução da família operária, e assim "produzir" mais trabalhadores (circunstância mencionada explicitamente no parágrafo).

15 Também se pode dizer que a continuidade do processo de que decorre a interversão não se constitui estritamente no limiar da terceira volta, mas depois de "algumas" voltas (dizemos "algumas" porque, para dar continuidade ao processo, não há necessidade do movimento quase infinito que, como veremos, irá "reduzir" o capital primitivo).

autonomia (uma coisa decorre da outra), isto quer dizer que, diferentemente do primeiro capital suplementar (mas a inversão atingirá também ele, por um raciocínio um pouco diferente do caso anterior: aqui é a "absorção" dos contratos, que leva a "absorver" também o primeiro),[16] o segundo se funda sobre trabalho apropriado sem equivalente. Ora, como esse movimento ocorre, igualmente, para os capitais suplementares sucessivos, *assim como para a retomada de cada um deles na volta seguinte*, à medida que se multiplicam as voltas o capital inicial, que é restituído a cada ciclo, torna-se progressivamente uma quantidade evanescente (em sentido matemático, escreve Marx). O capital torna-se, progressivamente, trabalho apropriado sem equivalente. E, depois de muitas voltas, o capital inicial, se não desaparece, torna-se uma quantitade negligenciável.

Pensemos um momento sobre o sentido da interversão, para o caso da reprodução ampliada. Supõe-se que a primeira apropriação obedece à primeira lei, mas que, como para a liberdade, ela não tem um caráter "vicariante": a legitimação, suposta, da primeira apropriação não se transmite à segunda. Como para a liberdade, poder-se-ia perguntar qual o valor do argumento. Se a apropriação da primeira mais-valia é legitimada pela primeira lei de apropriação, por que a apropriação da segunda mais-valia não o seria também; isto é, por que a legitimação não é, como escrevi, "vicariante"? Como a legitimação se torna não legitimação ou, preferindo, como ela se torna legitimação pela segunda lei, a qual é não só oposta à primeira, mas está em oposição ao

---

16 De fato, essa absorção vem da autonomia e do primado que adquire o movimento, o qual não justifica mais a exceção do contrato inicial.

princípio geral de equivalência que se supõe deve reger as relações jurídicas no sistema? Aqui, a continuidade e a autonomização da cadeia aparecem quando se põe em relevo a sucessão de trocas de mais-valia por mais-valia. De certo modo, essa cadeia tem o papel da cadeia de contratos forçados que é posta em relevo quando se trata da reprodução simples. O resultado é semelhante. Toda a mais-valia obtida, inclusive a primeira, como o primeiro elo da cadeia, vai aparecer como trabalho não pago. A primeira apropriação (e o primeiro investimento suplementar) tem, assim, um duplo sentido, ou muda de sentido quando se considera um certo número de voltas.[17] As apropriações posteriores à primeira (ou os investimentos posteriores ao primeiro) têm um efeito "retroativo" sobre o sentido do primeiro ato, ou ainda, se quisermos nos servir da distinção "pressuposição/posição", a primeira apropriação (idem para o primeiro investimento) posta como legítima (isto é, conforme à primeira lei) já é, entretanto, pressuposta como ilegítima. A sequência do processo põe retroativamente a pressuposição. A primeira apropriação e o primeiro investimento suplementar *eram e não eram* legitimados pela primeira lei. Eles o eram, de algum modo, enquanto se olhava para o seu passado. Vistos na sua abertura para o "futuro", eles mudam de aspecto e se transformam no seu oposto. E é nesse sentido que a reiteração dos ciclos aumenta ou enriquece a verdade da transmutação. Quanto mais investimentos suplementares tivermos, mais a alteração do processo se efetiva. Porém, a redução do capital original a uma quantidade

---

17 Estou supondo que inversão se dê depois de "algumas" voltas, e não estritamente no final da segunda.

negligenciável exige uma grande sucessão de ciclos, sem que se possa indicar um momento exato em que isso ocorrerá.

Chegamos ao fim desse desenvolvimento. Marx exprime seu resultado enfatizando a presença dos dois momentos, ou das duas leis, no processo e, assim, pondo em evidência a geração de um oposto pelo seu oposto: "a transformação primitiva do dinheiro em capital se efetua [...] na mais exata harmonia com as leis econômicas de produção de mercadorias e com o direito de propriedade que delas deriva".[18] "Se o *modo de apropriação capitalista* parece [...] atingir frontalmente [*ins Gesicht schlagen*] as leis originárias de apropriação de mercadorias, ele não resulta, de forma alguma, da violação dessas leis, mas, ao contrário, da sua aplicação."[19] "O divórcio entre a propriedade e o trabalho torna-se a consequência necessária de uma lei que procedia, em aparência, da sua identidade."[20] Introduziu-se uma continuidade lá onde havia descontinuidade. E essa acentuação diferente "negou" uma segunda vez, sem as destruir, certas determinações (o contrato, a compra-venda, a liberdade). Não foi uma nova finalidade que apareceu, pois a finalidade de valorização já estava posta a partir da seção II; mas a finalidade se apresenta agora, sem eliminar o primeiro momento, como operando uma *inversão* do sentido do processo. Nas seções de II a VI já há algo como uma inversão, mas trata-se de uma inversão imperfeita, que conservava não somente a realidade "negada", o que será

---

18 W, v.23; K, v.I, p.611; C (L), p.656.

19 W, v.23; K, v.I, p.610; C (L), p.654-5, grifo meu.

20 W, v.23; K, v.I, p.610; C (L), p.654. Como observam os tradutores do livro de Rosdolsky (trad. francesa, p.337, n.19), essa passagem e toda a alínea é omitida na tradução francesa de Roy.

O capital *e a* Lógica *de Hegel*

sempre o caso, mas também a autonomia e a "completude" do primeiro momento (o da troca de equivalentes), seja por causa da descontinuidade do processo, seja pela possibilidade de que tudo resulte de um "trabalho primitivo". Quando se passa da descontinuidade à continuidade, e se torna inoperante – sem necessariamente refutá-la – a hipótese do trabalho primitivo, o primeiro momento (composto dos dois primeiros da escansão triádica), aquele em que rege a lei de apropriação da produção de mercadorias, se interverte num segundo momento (o terceiro na escansão triádica) em que rege a lei de apropriação capitalista.[21]

4 – Algumas conclusões

Em que esse desenvolvimento interessa à questão do parentesco entre as dialéticas marxiana e hegeliana? Na segun-

_____

21 *Nota de março de 2019*: Além das correções que introduzi no texto original, resolvi oferecer, em nota, uma *variante* da apresentação geral dos dois casos. Eu a reduzi bastante, mas se, para algum leitor, ela ainda parecer excessivamente longa, recomendo deixá-la de lado, e se limitar ao texto de base.

"Conhece-se o sentido geral da interversão. Trata-se de questionar a legitimidade das leis que regem o modo de produção capitalista, independentemente das origens do primeiro capital. Mesmo se, como supunha parte dos economistas, o primeiro capital viesse de um 'trabalho primitivo' do capitalista (e de um não trabalho por parte do trabalhador), é possível mostrar a ilegitimidade do sistema. A apropriação da riqueza pelo trabalho próprio (obtida direta ou indiretamente) se interverte por um movimento interno em apropriação sem trabalho próprio (absorção do trabalho de outrem pelo poder do capital).

"Marx considera dois casos, o da reprodução simples e o da reprodução ampliada [...]. Nos dois casos, trata-se de passar de um moda parte, vou evocar o mesmo movimento para tentar definir a diferença entre elas. Na verdade, se há diferença, ela ganha

---

vimento descontínuo (ou unitário) a um movimento contínuo. Mas atenção: o interessante aí é que se estabelece uma *continuidade no processo* que, entretanto, implica, ao mesmo tempo, uma *descontinuidade da sua legitimação* (isto é, da sua legitimação através da lei de apropriação da produção de mercadorias). Nisso está a riqueza e a dificuldade que oferecem os dois capítulos consagrados ao tema. Há continuidade com descontinuidade: os momentos se articulam erodindo a legitimidade do processo, a conexão dos momentos é destruição da legitimação. No mesmo sentido, pode-se dizer que se altera o 'acento' do processo, do momento do contrato para o momento da produção. Também se pode afirmar em geral que o momento do contrato é 'engolido' pelo processo ou é invalidado. Mas em cada um dos dois casos, tudo isso toma uma coloração diferente.

"Reprodução simples [...]. A segunda compra de força de trabalho (prévia ao primeiro reinvestimento) é um resultado *necessário* da primeira volta do capital. Esta não (re)produz só valor, "recria" também o capitalista e o trabalhador assalariado. E, assim, se há um segundo contrato, este não é, a rigor, um contrato livre, mais que isso, é um contrato aparente. Desse modo, o processo adquire continuidade e autonomia, ao mesmo tempo que a sua legitimidade inicial deixa de ser transmissível. Não se vê mais a razão pela qual se deva supor que a troca inicial e o capital inicial assim constituído se manteriam como fundamento e legitimação de tudo o que ocorrerá a partir do ato inicial de troca. Se a primeira mais-valia obtida – ou o seu gasto – poderia ser justificada pelo contrato inicial, as seguintes (ou seus gastos) já não poderiam sê-lo, porque o segundo contrato e os subsequentes não são livres. O processo aparece assim como uma produção constante de riqueza pelo trabalhador, a ser consumida improdutivamente pelo capitalista. Mas, dessa perspectiva, que é a da autonomia do processo (ou da sua autonomização progressiva), mesmo a legitimidade da mais-valia inicial e do seu gasto são postos em xeque: a sequência incorpora o seu elo inicial. Entretanto, resta o fato de que o capitalista fez um investimento inicial igual a x. Só que ele recebe, pelo menos

O capital *e a* Lógica *de Hegel*

corpo no elemento de um universo dialético comum. A proximidade já é imediatamente visível por causa da introdução

---

a partir da segunda volta, trabalho não pago (na realidade, desde a
primeira, como já disse [porque, com a passagem ao registro quantitativo, não há por que excluir a primeira punção]). Digo trabalho
não pago e não ganho legítimo em valor resultante da compra de
uma mercadoria, a força de trabalho, que produz mais valor, porque,
lido o processo em conjunto, com as suas consequências, é válido
considerar esse ganho como uma dívida que o capitalista contrai
em relação ao trabalhador. Essa dívida é legítima enquanto houver
diferença entre o capital inicial e o montante gasto improdutivamente pelo capitalista. A legitimidade da operação depende aqui da
quantidade. Ou, preferindo, a 'ilegitimidade' que se instaura aqui
depende da quantidade. Se da mais-valia inicial obtida x ele consu-
miu uma porção n (índice I), a sua legitimidade passa a ser válida
nos limites de x menos n (índice I). Quando ele gasta não só n
(índice I), mas também n (índice 2), a legitimidade será de x menos (n (índice I) + n (índice 2)) e assim por diante. Até que toda
a mais-valia gasta corresponda à totalidade do capital investido.
Nesse momento, não subsiste mais nenhum átomo do capital inicial, ou, preferindo, a propriedade do capital pelo capitalista perdeu
toda a legitimidade. Vê-se que aqui se trata de estabelecer um limite a um processo incessante. [...] Para além desse limite, não só
eventuais massas de mais-valia que venham a ser obtidas não se
justificam mais pela lei de apropriação da produção de mercadorias,
mas mesmo a propriedade do capital original não pode mais ser
justificada, no sentido de que, efetivamente, esse capital foi inteiramente gasto [...].
"Reprodução ampliada [...] [o capitalista] reinveste [a mais-valia],
em vez de gastá[-la], e segundo a hipótese, simplificadora, a reinveste
inteiramente. Agora se tem de fato um movimento infinito. Como
dizia o economista Sismondi, num texto citado por Marx (ver W,
v.23; K, v.I, p.607; C (L), p.651) desenha-se aqui um movimento em
espiral e não (apenas) um movimento circular. [...] Com a segunda
aquisição de força de trabalho (deixando de lado a parte objetiva
dos meios de produção adquiridos), surge agora – pois não se gasta

da figura dialética da interversão com as determinações que a envolvem. A interversão assinala não somente uma segunda

(toda) a mais-valia como no caso anterior – um capital suplementar, que começa o seu circuito juntamente com o do reinvestimento do capital original. Este continua percorrendo um círculo em cada volta. Já o capital suplementar vai engrossando, em espiral, à medida que recebe novas massas de mais-valia. Aqui se estabelece, como para a reprodução simples, uma continuidade do processo – com o seu corolário, a autonomia –, mas cujo fundamento é exclusivo à reprodução ampliada: o que se põe em evidência é que a força de trabalho adquirida para o reinvestimento do capital suplementar é, na realidade, paga por trabalho não pago. [...] Estamos diante da impossibilidadade de fundar um processo infinito na operação 'finita' do contrato. Se pudéssemos fazê-lo, a compra da força de trabalho não seria apenas a de uma galinha que bota ovos de ouro. Os ovos se tornariam galinhas que por sua vez botariam ovos de ouro... Ou, a galinha iria botando um número cada vez maior de ovos a cada ano (de fato, se obtém sempre o ovo inicial, mais os demais ovos anteriores, mais um novo excedente...). Não há como não pensar na autonomia do processo. É como se a multiplicação 'infinita' de voltas e a acumulação progressiva *transformasse o fundamento inicial em simples ponto de partida*. A partir de lá (*e não mais com fundamento nisso*), se instaura um processo infinito de enriquecimento, que não tem mais justificação na lei de apropriação da produção de mercadorias. O que se lê, então, é o seguinte: longe de desembolsar o seu próprio capital para obter a força de trabalho do capital suplementar da volta seguinte, o capitalista paga essa força de trabalho *com valor obtido por trabalho não pago na anterior* (para a passagem da primeira à segunda volta, isso valerá retrospectivamente; de fato, de modo parecido mas não idêntico ao da reprodução simples, o processo incorpora o seu primeiro elo, digamos que também o primeiro contrato é 'devorado' pelo processo global que 'domina' todo o espaço). O que significa que o trabalhador (quer se trate do mesmo ou de um outro) paga ele mesmo a força de trabalho. [...] Isto é, o trabalhador (a classe trabalhadora) troca com ele mesmo (com ela mesma), fornecendo o valor produzido, e não pago, pelo seu trabalho numa volta, em

O capital *e a* Lógica *de Hegel*

negação, mas uma segunda negação que é, sob certo aspecto, *a negação de uma negação*. A introdução da continuidade no mo-

---

troca do valor da sua própria força de trabalho, adquirida para compor o primeiro capital suplementar, na volta seguinte. Há portanto 'troca' de força de trabalho (apropriada) por força de trabalho (a apropriar). Essa operação não representa uma troca mas uma simples apropriação. Um 'tributo', como escreve Marx (aliás, pode-se acrescentar, um tributo que, como em alguns outros casos, não é apenas um ato forçado, mas um ato forçado que se reitera). Que o trabalhador receba uma parte da mais-valia, isso não altera o caráter da operação: o conquistador pode devolver uma parcela do tributo à cidade conquistada. Assim, o processo específico que funda a ideia de interversão é diferente do que ocorre para a reprodução simples. O capital inicial não é gasto, como acontece, para o caso da reprodução simples (na realidade, quando há reprodução ampliada, os dois processos, reprodução simples e reprodução ampliada, ocorrem conjuntamente). Mas ele vai diminuindo *relativamente* ao capital acumulado, de tal modo que, a partir de certo ponto (não determinado, não se introduz um ponto-limite no processo), ele poderá ser considerado *negligenciável*. Agora se tem precisamente a ideia de uma riqueza constantemente alimentada por uma classe em proveito de outra (isso acontecia para a reprodução simples, mas como que 'externamente', através da cadeia dos gastos improdutivos da mais-valia). O resultado é globalmente o mesmo, a interversão da lei de propriedade da produção de mercadorias em lei de apropriação capitalista (poder-se-ia falar também em lei da propriedade capitalista, mas ela vem imediatamente da 'apropriação', por isso se dá ênfase a esse termo, ao passo que, na produção de mercadorias, se se apropria também, se o faz através do trabalho, imediatamente ou através da propriedade – apropriação por alienação do produto criado pelo trabalho próprio). [...] Vê-se que, para esse caso, o da reprodução ampliada, o capital inicial é, de certo modo, legitimado até o final, só que ele se torna 'desprezível', diante do capital acumulado.

"Poderíamos talvez representar o conjunto da 'monstração' de um modo mais ligado à linguagem, mais lógico, se se quiser. Da seguinte forma. Todo o problema é o de passar de um juízo como 'o capita-

Ruy Fausto

vimento tem como resultado a *re-posição do trabalho* (ainda que sob uma forma original), posição que, no momento anterior,

---

lista compra a mercadoria força de trabalho, cujo valor de uso é o de produzir mais valor, e o utiliza para obter a mais-valia' (esta é a linguagem do princípio de apropriação da produção de mercadorias), para um juízo como este: 'o capitalista se apropria de trabalho não pago'. Observe-se que os dois juízos se opõem, porque no registro do primeiro não se pode dizer que há 'trabalho não pago'. Pagou-se 'tudo', isto é, pagou-se o valor da força de trabalho. O resto vem do uso, plenamente legítimo, da mercadoria adquirida. Vejamos mais de perto como isso ocorre. Vai-se de uma série de juízos para uma outra. Parte-se do juízo antes enunciado (faço abstração do capital constante e simplifico): 'o capital compra a mercadoria força de trabalho, utiliza-a e obtém o resultado do seu uso, a mais-valia ou trabalho excedente'. Repita-se essa frase n vezes e então prolongue--se o seu final, e obtém-se, precisamente, a série de juízos infinita: 'o capital compra [...] a força de trabalho, utiliza-a e obtém [...]... trabalho excedente *que se transforma em capital que compra a mercadoria força de trabalho, utiliza-a e obtém o resultado do seu uso – a mais-valia ou trabalho excedente, que se transforma em capital que compra a mercadoria força de trabalho, a utiliza...*' e assim por diante. A série de juízos pode ser simplicada, na série (sempre infinita) seguinte: capital – compra da força de trabalho – produção de mais-valia: capital – compra de força de trabalho – produção de mais valia: capital – compra de força de trabalho etc. etc. Até aqui, pode-se dizer que esses juízos ou determinações descrevem uma série de operações totalmente conformes à lei de apropriação da produção de mercadorias. Mas essa série poderia ser ainda simplificada, pondo entre parênteses certos elementos. Assim: capital – (compra de força de) – trabalho – (produção de mais-valia:) – capital – (compra de força de) – trabalho – (produção de mais-valia:) – capital – etc. etc. Restaria: capital – trabalho – capital – trabalho – capital – trabalho – etc. etc. Eliminado os parênteses envolvendo 'a compra de força de', a compra de força de trabalho desaparece, ou antes é reduzida à aparência. Passa-se, sem mediação, do capital ao trabalho. (Eliminando os parênteses envolvendo 'produção de mais-valia', não se vê mais o momento do

embora presente, era negada logicamente pelo Sujeito-capital. O trabalho reaparece, mas não a "força de trabalho", e aparece

---

investimento: passa-se diretamente do trabalho ao capital. Mas não se elimina propriamente o investimento, nem se o reduz à aparência, antes se o absorve, estabelecendo uma relação imediata entre o trabalho e o capital: a relação já estava lá, mas mediada pela noção de 'mais-valia'. Por isso mesmo, a primeira operação é a mais importante, ela elimina a compra da força de trabalho, enquanto tal.) Observe-se: desaparecem assim — ou antes, reduz-se à aparência — tanto a 'compra' como *a própria mercadoria 'força de trabalho'*. No lugar disso, tem-se agora uma apropriação, uma apropriação forçada (sem compra e venda), que é o que agora indica o travessão. Na base dessa transmutação está o desaparecimento do que o comprador fornece ao vendedor da força de trabalho (porque o que ele fornece é, na realidade, produzido pelo próprio vendedor num momento anterior). E, caindo a bilateralidade do ato, cai a ideia de compra. Fica a de simples apropriação. Todo o problema da série, antes da introdução dos parênteses, é: de onde vem o dinheiro que o capital (o capitalista) investe na força de trabalho? Viria com a primeira mais-valia obtida (sendo esta justificada pelo eventual 'trabalho primitivo'? Só que a série é crescente: capital n – trabalho – capital n' – trabalho – capital n" – trabalho etc. Sem dúvida, no capital n' está incluído o valor a pagar pelo crescimento do capital (isto é, para o reinvestimento crescente). Mas, com a multiplicação dos elementos da série não se vê bem por que deveríamos partir do capital e não do trabalho. Sem dúvida, o ponto de partida é o capital I, entretanto, se nos fixarmos num momento (digamos, avançado) do processo, parece mais racional fazer desse ponto de partida algo negligenciável também *qualitativamente* (de forma alguma um fundamento), e encararmos o que ocorre no 'presente': o trabalho vivo produzindo capital (e não o contrário), num fluxo constante.
"Também se poderia pensar do seguinte modo, e este aspecto é muito importante. A consideração de um conjunto de voltas, como um movimento contínuo (e também 'rápido'), que não só vai 'apagando' o contrato, mas também operando a *posição das conexões* entre os vários ciclos, tem como resultado que o processo global apareça

em "duo" com o capital. Porém, na medida em que, com isso, a apropriação sem trabalho próprio se desvela, essa representação contradiz a "maneira" pela qual o sistema se apresenta. Para que o processo mude completamente de figura, para que a interversão ocorra (o que exige, como vimos, que se considere a produção capitalista em um fluxo ininterrupto e, também, que se tenha em vista não o operário e o capitalista individualmente, mas as classes, em inércia, de operários e capitalistas), é necessário introduzir – lê-se no texto – "uma medida [*Maßstab*, padrão] [...] completamente estranha à produção de mercadorias".[22] O que quer dizer isso? Se quiséssemos dizer com isso que a produção capitalista, enquanto capitalista, é a negação da produção de mercadorias entendida como a produção capitalista enquanto circulação simples, não haveria, aí, dificuldade. Mas – já vimos – "produção de mercadorias"

---

como o real *conteúdo* do processo. No momento anterior da apresentação, tinha-se, de um lado, a *forma* (a compra-venda objeto do contrato, mas, de certo modo, também a própria mercadoria e o dinheiro [a 'forma mercadoria do produto e a forma dinheiro da mercadoria', escreve Marx (W, v.23; K, v.I, p.593)]), de outro lado, a *matéria* que preenchia essa forma. Tinha-se pois a dualidade *forma/matéria*. Nela, a forma é o elemento primeiro e dominante. Com a repetição do processo, e a revelação da sua conexão interna, é como se a 'matéria' se revelasse na sua essência como 'conteúdo'. *A matéria se põe como conteúdo. A matéria se interverte em conteúdo*. Mas, na dualidade forma/conteúdo, não é mais a forma que é primeira e mais forte. É o conteúdo. Este faz da forma uma 'simples forma', aparência evanecente, que se pode e deve pôr entre parênteses para entender o sentido geral e mais profundo de todo o processo. – Talvez se possa dizer também que o momento da interversão tem alguma coisa a ver com o argumento ontológico."

22 W, v.23; K, v.I, p.612; C (L), p.657.

não denota aí somente o primeiro momento, a circulação simples; a expressão denota a totalidade do primeiro e segundo momentos "estruturais" (as seções de I a VI do livro I), ou, se quisermos, aquilo que lhes é comum e que é suposto até o início do terceiro. Mas, no terceiro momento, e somente lá, a produção capitalista se torna realmente estranha à produção de mercadorias. A *medida* é efetivamente exterior; mas trata-se da exterioridade *do* sistema, exterioridade produzida pelo seu próprio movimento. A produção capitalista se apresenta assim como um sistema de três termos, cujo extremos são a produção capitalista enquanto circulação simples e a produção capitalista enquanto reprodução. Tanto "circulação simples" como "reprodução" contradizem "produção capitalista". Esses dois extremos são negações do termo médio, a produção capitalista enquanto produção capitalista.

***

Não insistirei sobre o que o conjunto desse desenvolvimento deve à lógica de Hegel. Pressuposição e posição (em sentido dialético), contradição, interversão, negação da negação, tudo está lá. Por conseguinte, a menos que se invista, *para valer*, essas determinações dialéticas, o texto de *O capital* se torna *ilegível*. Nesse caso, não seria necessário eliminar somente a seção I, nem mesmo o conjunto do livro I. É toda a crítica marxiana da economia política que, em nome das exigências do "sentido" (ou de clareza), seria preciso reescrever.[23]

---

23 Talvez um dia venha a ser necessário reescrevê-la, mas por uma razão totalmente outra que não a da falta de sentido ou de clareza.

SEGUNDA PARTE
A dialética de Marx:
À procura de uma caracterização
da dialética marxiana: em torno da
apresentação — e do conteúdo de alguns
momentos — dos três livros
de O capital

I – Introdução

Aquilo que foi dito, no início, sobre a questão geral da relação Marx/Hegel vale também, em particular, no que se refere às suas diferenças. A análise das diferenças entre *O capital* e a *Lógica*, embora tema clássico, não avançou muito até aqui. A esterilidade relativa dos textos que abordam o assunto se explica por diversas razões. Em primeiro lugar, pelo fato de que o tema tem certas implicações essenciais não imediatamente evidentes, implicações que não foram ainda exploradas, como se fossem estranhas ao objeto. Penso, entre outros, na relação entre entendimento e razão. Não se viu, tampouco, ao menos não suficientemente, que o diálogo Marx/Hegel envolve necessariamente outras figuras, a economia clássica em primeiro lugar. Houve, também, outros obstáculos. Não se levou a sério a diversidade dos três livros da *Lógica*: a *Lógica*, ou o que se supunha que ela fosse, devorou as "lógicas". Acrescento que, num outro plano, às vezes, perdeu-se de vista o objeto de *O capital* e, uma vez esquecido esse objeto, a análise corre o risco de se perder em "epistemologia".

2 – O correlato da apresentação do sistema: os dois movimentos da apresentação

Em um texto anterior,[1] tentei definir com alguma precisão a diferença entre as duas dialéticas clássicas da época moderna. A presente obra desenvolve e completa, mas, ao mesmo tempo, modifica esses resultados.

Nosso ponto de partida poderia ser a própria noção de apresentação (*Darstellung*). Há, a esse respeito, uma questão prévia que é preciso apresentar desde já (essa resposta permitirá, entre outras coisas, evitar a "deriva epistemológica"). Que significação objetiva, ou seja, qual correlato objetivo poderia ter a *apresentação*? Já é quase uma banalidade dizer que os conceitos de *O capital* têm, no sentido mais *estrito*, uma pretensão à objetividade. Eles não constituem somente uma trama conceitual a partir da qual o objeto poderia ser apreendido. Eles reproduzem ou pretendem reproduzir o real, que é movimento, na sua textura própria. No entanto, para além dos movimentos [específicos], como os do dinheiro e do capital, que o discurso põe, aos quais corresponde [evidentemente] um movimento objetivo, dever-se-ia também admitir um paralelismo objetivo para o próprio movimento [global e eminentemente conceitual] da apresentação? Ou a apresentação *enquanto apresentação*, qualquer que seja a sua importância, não teria, a rigor, um correlato objetivo?

Na realidade [para um livro como *O capital*], é preciso supor que a própria apresentação é [ou pretende ser] a re-produção

---

1 Ver Fausto, "Présupposition et position: dialectique et significatons obscures", *Recherches sur la formation et la portée de la dialectique dans l'œuvre de Marx*, op. cit., principalmente v.I, p.237; MLP, v.II, segunda parte, ensaio 2, p.168.

O capital *e a* Lógica *de Hegel*

do real, senão, de uma maneira ou de outra, o discurso se subjetiviza. Porém, se isto é verdade, o objeto deve ter um teor que é incompatível não somente com a textura que lhe atribuiria um empirismo positivista, mas também com aquele que é reconhecido por um racionalismo não dialético, incluindo, claro, o "estrutural". Na verdade, se a apresentação é um movimento, o objeto enquanto totalidade deve ser, ele mesmo, um movimento (o que é diferente de uma totalidade *em movimento*), sendo, todavia, em certo sentido, isto é, num primeiro "momento", um movimento imóvel. O objeto, o modo de produção capitalista posto enquanto capitalismo da grande indústria, se apresenta como um movimento que revela sucessivamente – mas essa sucessão é simultaneidade – a aparência, a essência e, em seguida, a essência da essência que é também "paradoxalmente" a exteriorização do sistema. O objeto é o movimento de todos esses momentos. Não há, a rigor, uma estrutura,[2] ainda que Marx empregue, às vezes, mas pouco, o termo *Struktur*. A multiplicidade de aparições de que aqui se trata é tampouco bem expressa caso se diga que ela revela os "perfis" do objeto, pois a noção de "perfil" não marca suficientemente a objetividade dos momentos, nem a forma dialética do movimento do qual eles são momentos. O termo que parece melhor convir para designar o correlato objetivo da apresentação é "pulsação", termo utilizado por Hegel.[3] O sistema se apresenta como um

---

2 Por isso, o termo "estrutural" foi posto, anteriormente, entre aspas.

3 Por exemplo: "Os [termos] diversos [*die Manningfaltigen*], levados ao ponto extremo da contradição, tornam-se somente então móveis e viventes um em relação ao outro, e recebem nela a negatividade,

todo em movimento imóvel, que se abre e se fecha, ou antes, que se interioriza e exterioriza.

A *Lógica* de Hegel também tem um correlato objetivo, ou, se preferirmos, pois no que concerne à *Lógica* é o outro polo que causa problema, ela tem um correlato subjetivo. Supõe-se às vezes que, diferentemente do que ocorre com a *Fenomenologia do espírito*, a *Lógica* se situaria sobre um plano *puramente* objetivo, no sentido de que o saber, enquanto saber do objeto, nela estaria pura e simplesmente ausente. Ora, se é verdade que na *Lógica* suprimiu-se o momento da consciência, o saber enquanto tal não é suprimido pelo objeto. Ele é segundo em relação a este último, mas isto não implica sua supressão, nem mesmo a sua "supressão".[4] Em certos momentos — e então ele se eviden-

---

a qual é *pulsação* [*Pulsation*] imanente do automovimento e da vitalidade" (Hegel, *Wissenschaft der Logik* — abreviarei por WL, v.II: *Die Lehre vom Wesen*, p.61; id., *Science de la Logique* — abreviarei por L, tomo I, v.II: *La Doctrine de l'essence* — designarei por II, p.85, grifos meus). Ou ainda: "Pois o racional, o qual é sinônimo da ideia, ao entrar em sua efetividade, entra, ao mesmo tempo, na existência exterior [...] e envolve o seu miolo com a crosta colorida, na qual, inicialmente, se aloja a consciência, mas que só [*erst*] o conceito penetra, *para descobrir o pulso* [*Puls*] *interior* e o sentir bater mesmo nas figuras externas" (Hegel, Prefácio, *Grundlinien der Philosophie des Rechts*, p.25; id., *Principes de la Philosophie du droit*, p.30, grifos meus. Texto citado por Paulo Eduardo Arantes em *Hegel: a ordem do tempo*, p.291, n.72).

4 A leitura de determinados textos poderia sugerir uma "supressão". Por exemplo: "Este movimento representado como o caminho do saber, este começo a partir do ser e o processo que o 'suprime' e chega à essência como alguma coisa mediatizada, aparece como uma atividade do conhecer que seria exterior ao ser e não diria respeito em nada a sua própria natureza. *Mas esse processo é o próprio movimento do ser. O que se mostra nele é que ele se interioriza* [*sich erinnert*] *por sua natureza*

cia –, o saber como que precede o seu objeto. Tem-se assim, também, na *Lógica* a diferença entre o em-si enquanto equivalente do para-nós e o para-si: "o imediato dessa maneira não é

---

e que ele vem a ser a essência por este ir-a-si-mesmo [*Insichgehen*]" (WL, v.II, p.33; L, v.II, p.2, grifos meus). Contrariamente ao que se poderia pensar, esse texto não exprime uma "supressão" da ciência. O que se "suprime" aqui é o saber *subjetivo*. Pois leiamos a continuação: "Se, então, o absoluto foi determinado inicialmente como ser, agora é como essência que ele é determinado. O *conhecer* não pode, de maneira alguma, permanecer no ser-aí variado, mas tampouco no ser, no ser puro" (ibid., grifos meus). O saber, ou antes, a ciência, diz o objeto, mas não se perde nele; trata-se, de resto, da *Ciência* da lógica. Somente quando o ser percorre a totalidade de seu caminho e chega à Ideia absoluta é que se poderia falar de uma "supressão" de toda dualidade, o que poderia implicar a "supressão" de toda ideia de ciência. Mas, na medida em que a Ideia é identidade do idêntico e do não idêntico, mesmo aí, a unidade é ela mesma dualidade. De fato, a Ideia absoluta é a unidade da ideia teórica e da ideia prática, da ideia da verdade e da ideia do bem (sendo cada uma delas a unidade imperfeita dela mesma e de seu oposto). Ora, a ideia do verdadeiro remete à *adequação* entre sujeito e objeto. (A ideia do bem contém também uma relação com o objeto, mas essa relação é negativa, e *nesse sentido* ela não é dual.) Enquanto unidade da ideia do verdadeiro e da ideia do bem, a Ideia absoluta é a unidade do imediato e do mediato. Ela contém, sem dúvida, como momento – mas se trata de um momento, se podemos assim dizer, imediato –, a relação sujeito/objeto. Em alguns textos, a "adequação" é até mais marcada para a Ideia do que para o conceito em geral, ainda que Hegel acentue a unidade – mas sem "neutralização" da diferença – entre Ideia e realidade: "Ideia [...] não é nada mais do que o conceito, a realidade do conceito, e a unidade deles. [...] Essa unidade não pode, entretanto, ser representada [...] como simples *neutralização* do conceito e da realidade..." (Hegel, *Vorlesungen über die Ästhetik I, Werke 13*, p.145, grifos de Hegel).

somente o *em-si*, o que significaria *para-nós* ou, na reflexão exterior, a mesma coisa que é a reflexão, mas é posto que ele é a mesma coisa".[5] "Ela [a essência], essa negatividade pura como o retorno do ser a (em) si [*in sich*]; assim, ela é determinada *em-si* [*an sich*], *ou para-nós*, como o fundamento no qual o ser se dissolve".[6] A diferença entre o em-si e o para-si não remete, aqui, somente aos momentos do objeto, mas à distinção entre o que é para nós, isto é, para a ciência (*não para a consciência, mesmo filosófica*) e o que já é para o objeto.

***

A *Lógica*, saber cujos objetos são pensamentos puros, e *O capital*, cujo objeto é o modo de produção capitalista, são os textos a confrontar. Essa maneira de formular o problema não é tão evidente quanto poderia parecer. Em vez disso, não se deveria comparar *O capital* com as ciências filosóficas *reais*, em particular a filosofia do *espírito*? Evidentemente, esta última comparação poderia também ser tentada.[7]

---

5 WL, v.II, p.18; L, v.II, p.25, grifo meu.

6 WL, v.II, p.63; L, v.II, p.88, grifos meus.

7 Se esta fosse a perspectiva, a *Lógica* de Hegel corresponderia à Lógica que Marx pretendia escrever, mas que não escreveu. Comparar o que poderia ser essa Lógica com a *Lógica* que Hegel escreveu também é interessante e corresponde à mesma perspectiva. Isto, no entanto, é um trabalho que vem depois, em relação ao paralelo *O capital/Lógica*, pois um tal sistema de referência implicaria deslocar o centro de gravidade efetivo do pensamento de Marx. Nas partes finais deste texto, darei alguns passos no interior do paralelo *O capital/* ciências filosóficas reais.

Mas, se procedêssemos assim, operar-se-ia um deslocamento essencial. Digamos, abandonando esse caminho, que a dialética "mais alta" em Hegel está na *Lógica*, e a dialética "mais alta", em Marx, está em *O capital*. A comparação primeira é a que incide sobre essas duas obras. Assim, ao movimento "imóvel" do modo de produção capitalista corresponde a pulsação da Ideia que é o correlato da sua apresentação.

Tentemos, agora, estabelecer alguns pontos em comum entre *O capital* e a *Lógica*. A *Lógica* de Hegel, como é sabido, se apresenta sob a forma de três livros: lógica do ser, lógica da essência e lógica do conceito, divisão tripartite que coexiste com uma divisão bipartite, as duas primeiras constituindo a lógica objetiva, e a última, a lógica subjetiva. A que podem corresponder, em *O capital*, essas três lógicas?

De maneira geral, pode-se observar que, na *Lógica* de Hegel, a lógica da essência é a da "supressão" da lógica do ser, e a lógica do conceito é a da segunda negação do ser e, ao mesmo tempo, da sua re-posição. Nesse sentido, como de resto para todas as determinações da *Lógica*, a lógica do ser não desaparece em termos absolutos. Assim, o conceito muito importante de vir-a-ser (*werden* [*devenir*]) que aparece na lógica do ser – ele corresponde, aliás, em um plano mais propriamente semântico, a *übergehen*, passar para o outro lado, se transformar, que define a "sintaxe" do ser[8] – reaparece como reflexão no plano

---

8 Convém dar algumas precisões sobre esses conceitos que exprimem o movimento. – Na segunda edição da lógica do ser, a passagem (*Übergang*) é posta, como determinação, no final da apresentação do ser-aí (*Dasein*). Não há uma equivalência absoluta entre *Werden* e *Übergang*. O *Übergang* é, na realidade, o *devir do Dasein* (ser-aí), o *Werden*

da essência. A reflexão é devir negado, devir "suprimido". Na lógica do conceito, a reflexão reaparece, por sua vez, como movimento-sujeito, negação da reflexão e segunda negação do ser. Essa segunda negação é, até por isso, ao mesmo tempo, *re-posição do devir*. O movimento-sujeito é devir, mas devir interiorizado (exteriorizado relativamente à reflexão). Devir elevado ao conceito.

é a rigor somente o devir do ser: "a idealidade pode ser chamada de qualidade da infinidade; mas ela é essencialmente o processo do devir e por isto uma passagem [*Übergang*], como o *devir no ser-aí* [*Werden im Dasein*], que deve ser indicado agora" (WL, v.I, p.140, grifos meus). Há também, na *Lógica*, o conceito de *Veränderung* (transformação), determinação que, na primeira edição, corresponde ao que será a finitude posta enquanto finitude, na segunda. A transformação é também devir do *Dasein*, mas, mais precisamente, é passagem de um *Dasein* a outro. Ela tem também um papel na lógica da quantidade. A diferença entre, de um lado, o devir e, de outro, tanto a passagem (enquanto termo com função semântica) como a transformação não deve ser confundida com a diferença entre *genesis* e *allôiosis* (*alteração*, em Aristóteles). Na realidade, todas as determinações hegelianas supraindicadas remetem à gênese (e à "corrupção"), porque elas denotam o nascimento e o desaparecimento (do ser ou do ser-aí). O termo hegeliano que corresponde à *allôiosis* aristotélica é *Änderung*. É assim que se lê, no fim da lógica da medida ("alteração" tem aqui uma inflexão particular, dado o contexto, mas o uso sugerido vale em geral): "Na medida em que o passar de um ao outro, entre especificamente autônomos, é ao mesmo tempo o negar deste passar enquanto devir-outro, então o que muda não é uma autonomia; a *transformação* [*Veränderung*] *é somente alteração* [*Änderung*] de um estado, e este passar permanece em si a mesma coisa" (Hegel, *Wissenschaft der Logik*, v.I, livro I: *Das Sein*, abrevio por WL (1812), p.319; L, v.I, p.347). A versão francesa de Labarrière e Jarczyk traduz tanto *Veränderung* como *Änderung* por *changement* (mudança), o que me parece obscurecer o sentido da frase.

O capital *e a* Lógica *de Hegel*

Um desenvolvimento lógico desse tipo, mas de maior complexidade, pode ser encontrado em *O capital*. Atendo-nos ainda ao livro I, a passagem da essência ao conceito corresponde à posição do capital enquanto capital (a partir da seção II). O lugar da lógica do ser é mais problemático. Por um lado, ela coexiste com a lógica da essência, que é reconhecível ao longo da seção I do livro I. A lógica do ser permite, em geral, a descrição dos movimentos *que ainda não são Sujeito*: a troca de mercadorias e o movimento do dinheiro, os quais, entretanto, podem, também, se exprimir na linguagem da essência. Nesse sentido, o movimento do capital que remete ao conceito representa a unidade da essência e do ser, tal como eles foram dados na seção I.

Mas, poder-se-ia dizer, por outro lado, que a lógica do ser, sendo a da imediatidade, corresponde à matéria, em oposição à forma, que remete à essência e ao conceito. O que, no quadro de *O capital*, significaria que há uma certa afinidade entre o ser e os valores de uso, do mesmo modo que há afinidade entre, de um lado, essência e conceito e, de outro, o valor.[9] Se, na

---

9 Comentando um texto de Locke, citado em nota, Marx escreve: "No século XVII encontra-se ainda, frequentemente, nos escritores ingleses *worth* para valor de uso e *value* para valor de troca, totalmente no espírito de uma língua que gosta de exprimir a coisa imediata [*unmitellbare Sache*] de maneira germânica [*germanisch*] e a coisa refletida [*reflektierte Sache*] de maneira romana [*romantisch*]" (W, v.23; K, v.I, p.50, n.4; C (L), p.40, n.4). A língua do ser, do objeto imediato, é a língua vernácula. A da essência, do objeto mediado, é o latim. Cf. a observação de Engels inserida na quarta edição de *O capital* (W, v.23; K, v.I, p.61-2, n.16; C (L), p.40, n.16), sobre a diferença entre *work e labour*. Na lógica da essência, Hegel justifica o uso do termo "reflexão" (*Reflexion*), "palavra de língua estrangeira [*fremd*]",

Lógica de Hegel, a imediatidade do ser é retomada no conceito, em *O capital*, a materialidade dos valores de uso é re-posta pelo universo das formas (isto ocorre já antes da posição do capital enquanto capital, o análogo do conceito). Em oposição a Ricardo (ver a crítica de Marx ao economista Wagner), em *O capital*, as formas re-põem a matéria, o que é evidente, por exemplo, na apresentação marxiana do dinheiro, mas se vê também no capital posto na forma material da grande indústria. Se a matéria é o ser, e a forma, a essência (e, depois, o conceito), é preciso dizer que em Marx a essência se põe no ser.

A apresentação de *O capital* – vimos, em parte, para o livro I – faz-se por negações sucessivas. Cada passagem, cada negação, modifica a figura do objeto e o registro do discurso. Cada momento subverte o momento anterior. Por exemplo, no momento do capital enquanto capital, a produção não é mais produção no sentido da circulação simples, mas produção-circulação, do mesmo modo que a circulação é circulação-produção. Essas rupturas representam o caminho do *Grund* (*zum Grund gehen*, ir ao fundamento, e *zugrunde gehen*, ir ao fundo); na verdade, elas funcionam como as negações dos "fundamentos" iniciais, que, no entanto, acabam por repô-los. A apresentação de *O capital* é em parte uma sucessão de quedas no *Grund*. (Isto vale para o "movimento imóvel", mas também, e *a fortiori*, para o "movimento móvel" do capital, nos dois sentidos em que isso pode ser entendido, a saber, o da sua lei de desenvolvimento [ainda no plano lógico], e o da sua realidade temporal.) Entretanto, o movimento de *O capital*, como o do capital (o seu objeto),

---

ele que não gostava do vocabulário importado, pelo fato de que o termo designa a aparência, "alienada [*entfremdete*] da sua imediatidade" (ver WL, v.II, p.16; L, v.II, p.17).

não é somente descendente ou interiorizante, mas também ascendente e exteriorizante. Há uma dialética interiorizante e uma dialética exteriorizante.[10] O primeiro movimento vai da circulação simples – que é ao mesmo tempo teoria da aparência e do "fundamento" dessa aparência – à interversão da lei de apropriação (segunda negação), passando pela teoria do capital enquanto capital (primeira negação). Ele cobre, portanto, o conjunto do livro I. O livro II, de que me ocuparei mais adiante, reproduz em certa medida esse movimento, no plano da circulação. Seu desdobramento se faz na mesma direção. A reprodução global do capital, pela qual termina o livro II, não tem somente um sentido totalizante. Se a examinarmos bem, ela se revela, também, como uma interiorização em um sentido análogo, para a circulação, à da construção do livro I.

À dialética interiorizante sucede uma dialética exteriorizante, cujo primeiro momento (já no livro III) é a efetividade (*Wirklichkeit*), a aparência *do* sistema (ou a aparência da essência enquanto essência), ou, ainda, a unidade posta da essência e do fenômeno, que se denomina a *manifestação*, cujo último momento é a exteriorização das determinações (capital a juros, renda fundiária, os rendimentos e suas origens [fórmula trinitária]). Veremos mais adiante a articulação dessa dialética exteriorizante.

Há dois polos nodais nesse duplo movimento de interiorização e exteriorização: o momento da interversão, que representa o ponto de chegada da dialética interiorizante, e o momento de exteriorização das formas, para a qual converge a

---

10 A oposição interiorizante/exteriorizante é menos ambígua do que a oposição descendente/ascendente, mesmo se, para além de certos limites, a exteriorização é interiorização e vice-versa.

dialética exteriorizante. *No primeiro, o objeto se revela com um máximo de fluidez. As formas se diluem no processo. No segundo, há um máximo de cristalização. Os fluxos se precipitam em formas coisais.* Esse movimento desde a fluidez até a cristalização, que deve ser pensado como comportando, objetivamente, um retorno desde a cristalização até a fluidez, é no interior da dialética de Marx, e da produção capitalista, o que chamei (com Hegel) de "pulsação".

3 – A dialética interiorizante

Como vimos, há três momentos na dialética interiorizante: posição, negação e negação da negação (ou segunda negação). Produção capitalista enquanto circulação simples, produção capitalista enquanto produção capitalista, produção capitalista enquanto reprodução.[11]

---

11 No primeiro momento (seção I, circulação simples), a produção está separada da circulação e esta do consumo. A distribuição, isto é, a apropriação, se faz de acordo com a lei da equivalência. A passagem ao segundo momento (seções de II a VI) representa uma queda da circulação na produção (mais do que o inverso), de onde resulta a Produção – em oposição à produção imediata – enquanto unidade da produção e da circulação. Ao mesmo tempo, a Produção interioriza o consumo enquanto consumo produtivo e se identifica com este (ela põe formalmente esse momento de identidade que já estava pressuposto). Por sua vez, a distribuição, isto é, a apropriação, obedece a uma primeira negação da lei de equivalência. No terceiro momento, o da reprodução, a circulação do capital *enquanto momento da troca de valores* não está mais posta (enquanto ela mesma – como análise *ex professo* do processo de circulação – não está posta em nenhum lugar no livro I). Tem-se somente a produção e a apropriação. A lei de apropriação corresponde agora à segunda – à plena – negação da lei de equivalência. Poderíamos acrescentar aí

O capital *e a* Lógica *de Hegel*

Esses três momentos da dialética interiorizante constituem um "silogismo" que já é visível nas formulações anteriores.

[ainda] outras dialéticas: no primeiro momento, vai-se da mercadoria individual à totalidade das mercadorias, no segundo, tem-se, logicamente, somente o capital individual, [ao passo que], no terceiro, totaliza-se o capital etc. — Pode-se ver, assim, em que sentido o posfácio da *Contribuição à crítica da economia política*, que, como mostrei em outro lugar, é um antiposfácio, pode ser enganoso. Mas não basta dizer [a esse propósito] que as noções de produção, circulação, distribuição ou apropriação são somente pressupostas. [Aliás,] essas noções, elas mesmas, são de alguma forma postas enquanto objeto de uma dialética. Isto é, há de certa maneira uma dialética das pressuposições. Os verdadeiros pressupostos são os esqueletos formais dessas noções. Postas, elas devem ser entendidas *em cada momento*, os quais fornecem definições contraditórias. Produção, circulação, distribuição, consumo são, então, objetos de uma dialética que se situa de certo modo a meio caminho dos pressupostos mudos e do movimento do conteúdo, um pouco como, na lógica da essência, de Hegel, tem-se o movimento da reflexão (ou das reflexões), espécie de forma do conteúdo, que indica [não menos, mas não mais do que indica] o movimento, propriamente dito, do conteúdo. — *Nota de março de 2019*: Incorporando as modificações que introduzi a respeito da leitura da seção I, apresentaria assim os três momentos estruturais. O primeiro momento põe a circulação simples (m-d-m), posição que inclui a dos "fundamentos" (que, a rigor, só poderiam ser pressupostos) desta (o valor e sua substância, o trabalho abstrato). O segundo momento é o da primeira negação da circulação simples. O circuito m-d-m é negado. Quanto aos seus "fundamentos" (o valor e o trabalho abstrato — ponho aspas em fundamentos porque, mais adiante, eles serão, por sua vez, negados, como convém sempre em regime dialético), eles continuam lá e agora a sua posição não é mais uma "passagem ao limite" (posição de um pressuposto) como fora até aqui. Mas eles são "postos em xeque" (negados) como princípios, pelo fato não só de que o capital é posto, mas de que ele o é enquanto "Sujeito".

65

Pode-se enunciá-lo da seguinte maneira: – Maior: "a produção capitalista é a circulação simples". Nesse enunciado, o predicado "circulação simples" nega o sujeito "produção capitalista", que se reflete nele ("a produção capitalista é... a circulação simples", o sinal "..." indicando a reflexão). – Menor: "a produção capitalista é a produção capitalista" (identidade). – Conclusão: "a produção capitalista é a reprodução capitalista" (ou "a produção capitalista é... a reprodução capitalista"). Aqui, igualmente, o predicado nega o sujeito, pois, com a reprodução e a interversão que é inseparável desta última, o modo de produção capitalista nega a si mesmo. Essa negação não representa, no entanto, uma passagem na aparência, mas, ao contrário, um aprofundamento da essência, ou na essência. Há, aqui, uma espécie de transgressão da essência; ultrapassando seus limites, ela cai no *Hintergrund*,[12] a essência da essência. Tem-se, assim, uma espécie de *hybris*. Na realidade, assim como no primeiro momento, o

---

Isto significa uma ruptura na ordem da apresentação. O verdadeiro ponto de partida é agora o próprio capital, e não os "fundamentos" (que só o eram, observe-se, pela posição do que a rigor estava pressuposto). Desse ponto de vista, tem-se, no segundo momento, e de uma forma um pouco surpreendente, como que uma negação dos "fundamentos". No terceiro momento (o da acumulação e da interversão das relações de apropriação), tem-se uma segunda negação da circulação simples. A negação é duplicada, de certo modo se aprofunda. E os "fundamentos" são negados enquanto tais. Valor e trabalho abstrato estão lá, sem dúvida, mas só podem estar como incorporados ao processo e como momentos dele.

12 O termo se encontra nos *Grundrisse*, ver Marx, *Grundrisse der Kritik der Politischen Ökonomie*, abreviarei por G, p.409; *Manuscrit de 1857-1858, "Grundrisse"*, abreviarei por G (L), v.I, p.448: "o sistema dos valores de troca – troca de equivalentes medidos pelo trabalho se interverte [*umschlägt*] ou antes se mostra no seu fundo [*Hintergrund*] secreto".

sistema permanece aquém de sua medida;[13] no terceiro, ele vai além. A dialética interiorizante tem, dessa forma, na produção capitalista enquanto produção capitalista, seu termo médio, ou sua "menor", situando-se os termos extremos aquém e além desse termo médio. Esse silogismo (em sentido hegeliano) expressa um movimento que começa aquém e termina além do termo médio, ponto de equilíbrio que é a "medida" do sistema. O silogismo da dialética interiorizante também poderia ser expresso da seguinte maneira: "o trabalho é valor", "o valor é capital", "o trabalho é... capital". Esses três julgamentos possuem naturezas distintas. O primeiro expressa uma relação de causalidade, o valor é efeito, do trabalho. Mas o sujeito, o trabalho, é também substância. E de fato, na lógica da essência, a substância e a causalidade são apresentadas em conjunto. A menor, [por sua vez], expressa um movimento de passagem a um sujeito-fundamento. Não se trata aqui, daquilo que chamei em outro lugar de juízo do Sujeito,[14] pois este último tipo de julgamento supõe um sujeito já constituído, e o que se tem aqui é uma

---

13 Se quisermos empregar o termo *"hybris"* para o momento da "interversão", talvez possamos empregar os termos opostos a *"hybris"*, *"ellêipsis"* ou *"endeia"*, que indicam uma espécie de "insuficiência", para o momento da circulação simples.

14 Sobre as formas dialéticas do juízo, ver MLP, v.I, ensaios 1 e 4; SL (idem); e também Fausto, *Sur le concept de capital: idée d'une logique dialectique*, retomado em forma modificada em MLP, v.III, ensaio II; em francês, ver *Recherches sur la formation et la portée de la dialectique dans l'œuvre de Marx*, v.I, ensaio I, p.153, n.15 e 16. O "juízo do Sujeito" é um juízo do tipo, "o Capital é dinheiro", ou, "o Capital é mercadoria". Em tal juízo, o sujeito que é um movimento-Sujeito *não* se reflete no seu predicado, enquanto o *juízo em conjunto* se reflete em um outro juízo, ou, mais precisamente, devém este outro.

gênese, ou um devir sujeito. Trata-se, antes, de uma forma particular daquilo que chamei alhures de "juízo da transição".[15] O terceiro enunciado se revela como um "julgamento do devir" em um sentido particular, que explicitarei logo mais adiante. Na realidade, no momento da reprodução e da interversão, o trabalho é posto, mas "alimentando" imediatamente o capital. A classe capitalista "absorve" a riqueza produzida pelo trabalho. – Os três momentos correspondem, respectivamente, à posição de um primeiro fundamento que poderíamos chamar de substancial; à negação deste – o qual se torna simples "base" (*Grundlage*) – pelo capital, o capital como que ocupando então o lugar de um verdadeiro fundamento; e, por fim, ao restabelecimento do fundamento, mas enquanto fundamento negado, ou, mais precisamente, transfigurado (não se tem mais como protagonista o "trabalho abstrato", mas o "trabalho"). O fundamento "transfigurado" sucede, assim, à posição do fundamento (primeiro momento) e à sua negação (segundo momento). Tais são os momentos da dialética interiorizante, considerados como momentos de uma dialética da aparência no sentido geral do termo. Esses momentos correspondem, em certa medida, às seções da lógica hegeliana da essência. O primeiro, o da circulação simples, remete à primeira seção da lógica da essência. Essa seção é tanto a do *Schein* (aparência) como a da reflexão.[16]

---

15 Juízo da transição: juízo que expressa a passagem do "último" momento do devir [vir-a-ser] ao objeto constituído. Aqui, trata-se, [diferentemente], da passagem do objeto [simplesmente] constituído ao objeto que se tornou Sujeito.

16 O título da seção é "a essência como reflexão em si mesma". A "reflexão" é o terceiro momento do primeiro capítulo da seção; a "aparência" é o título do capítulo dois.

O capital *e a* Lógica *de Hegel*

A aparência é o imediatamente exterior. A reflexão é a aparência interiorizada, ou a alienação da essência imediata. Na medida em que a circulação simples inclui um movimento de interiorização,[17] o termo "reflexão" é o que melhor convém.[18] O segundo momento é propriamente o do fenômeno (*Erscheinung*): a mercadoria e o dinheiro são formas fenomenais do capital. Por fim, no terceiro momento, a *circulação simples* torna-se *Schein* (aparência), na realidade, pura aparência, pois duplamente negada pelo movimento de interversão. A sucessão dos "aparecer" é, assim, reflexão, fenômeno e aparência. Reunindo essa sucessão de formas com as que a apresentação revela enquanto dialética do fundamento, temos:

1) fundamento (substancial)/reflexão;

2) fundamento (substancial) negado/fenômeno (aqui se abre um espaço para o fundamento-Sujeito);

---

17 Marx se refere à circulação simples em termos de "forma fenomenal": "A circulação simples é na realidade uma esfera abstrata do processo global de produção burguesa, que por suas próprias determinações se revela [*ausweist*] como *momento*, simples forma fenomenal [*Erscheinungsform*] de um processo mais profundo que se situa atrás dela, (et) que tanto resulta dela como a produz: [o processo] do capital industrial" (G, p.922-3, versão primitiva da *Contribuição à crítica da economia política*. Ver Marx, *Contribution à la critique de l'économie politique* (abreviarei por *Contr.*), p.230-1, grifos meus).

18 A propósito das determinações da forma do valor, Marx fala, de resto, em "determinações de reflexão": "É uma coisa característica [*eignes Ding*] [que acontece] em geral com tais *determinações de reflexão* [*Reflexionsbestimmungen*]. Por exemplo, tal homem só é rei porque outros homens se referem a ele como sujeitos. Inversamente, estes acreditam que são sujeitos, porque ele é rei" (W, v.23; K, v.I, p.72, n.21; C (L), p.65, grifos meus).

3) fundamento (substancial) *re-posto enquanto fundamento negado (ou "transfigurado")*/aparência.

Isto é, sucessivamente: *Grund*/Reflexão; *Grundlage/Erscheinung* (com a emergência de um *Grund*-Sujeito); *Grund* negado, para designar a reposição negativa/*Schein*.[19]

A essa dupla caracterização de cada momento, construída a partir da lógica da essência, pode-se acrescentar uma outra série que corresponde à lógica do ser. De fato, naquela sucessão podemos também reconhecer a sequência: qualidade, quantidade e também medida. É evidente que o universo da circulação simples é qualitativo, mesmo se, enquanto momento do modo de produção capitalista, já se tem, lá, a redução do qualitativo ao quantitativo. Mas a finalidade posta é o valor de uso. O momento do capital enquanto capital é o do primado da quantidade. A afinidade entre, de um lado, a reprodução e interversão da lei de apropriação e, de outro, a lógica da medida é, à primeira vista, menos evidente. Ela se revela, entretanto, se pensarmos que temos aqui, como já disse, uma transgressão da *medida* do sistema. Mas o que é a medida do sistema ou qual é a medida do sistema? Na lógica hegeliana do ser, a medida é a quantidade enquanto qualidade. A quantidade que representa aqui o limite do sistema é uma quantidade *intensiva*, um certo de grau de fluidez e de continuidade da produção capitalista, que corresponde precisamente à primeira negação. Para além dela, introduzem-se

---

19 O capital é, assim, sucessivamente pressuposto, posto e negado pelo próprio movimento de sua reprodução. A "hybris" do capital devora, de certo modo, o capital, uma vez que não se reconhece mais as suas determinações no puro fluxo que ele veio a ser.

O capital *e a* Lógica *de Hegel*

uma intensidade e uma fluidez de tal ordem que elas devoram as determinações do sistema. A segunda negação encarna essa transgressão.

A relação com a lógica do conceito é mais problemática, e, como veremos, a dificuldade indica, talvez, uma diferença importante. À circulação simples e ao capital enquanto capital poder-se-ia fazer corresponder, respectivamente, "o juízo" e "o silogismo", que se encontram na "Subjetividade", a primeira seção da lógica do conceito. O conceito, enquanto primeiro momento da "Subjetividade", só poderia ser o ponto de partida, a mercadoria. Mas o terceiro momento, o da interversão, não corresponde a nenhum momento da "Subjetividade". Talvez se pudesse dizer que aí se apresenta algo da "teleologia" (que pertence à segunda seção da lógica do conceito, a "objetividade"). Como vimos, a reprodução devora as mediações do processo. Ora, se não o conjunto da finalidade, pelo menos o seu resultado, o "fim realizado", constitui o sistema de silogismos, que é, ao mesmo tempo, a negação do silogismo e que resulta da indiferença entre os extremos e os termos médios.[20] Ter-se-ia aqui, de maneira análoga [à de *O capital*] – se posso dizer assim, pois inverto a ordem histórica –, uma colocação entre parênteses das mediações.

---

20 Com o fim realizado, o universal "se silogiza [*zusammenschliessen*, encadear] com ele mesmo" (adendo ao §206 da pequena *Lógica*, *Enzyklopädie der philosophischen Wissenschaften im Grundrisse*, p.363, abreviarei por *Enz.*; *Encyclopédie des Sciences Philosophiques*, v.I: *La Science de la Logique*, p.613, abreviarei por *Enc.*). Como assinala B. Bourgeois (*Enc.*, v.I, p.613, n.2), essa passagem – que é, no fundo, a do silogismo à Ideia – é marcada pelo jogo de palavras "*zusamenschliessen*" (silogizar, encadear), "*beschliessen*" (decidir) e "*sich entschliessen zu*" (se decidir a). Não se silogiza mais, decide-se.

Enfim, para além dos paralelismos com a *Lógica* de Hegel, os três momentos constituem também um movimento no que concerne à posição da historicidade. No primeiro, encontram-se as determinações que, *plenamente constituídas*, existem somente no capitalismo. Assim, elas são interiores [exclusivas] ao capitalismo enquanto determinações constituídas, mas existem também exteriormente a ele enquanto pré-constituídas. O texto da seção I se ocupa essencialmente dessas determinações no interior do capitalismo. O segundo momento (seções de II à VI) é o da historicidade específica e plena das determinações. Nesse momento, eles são, em termos absolutos, interiores ao capitalismo. No terceiro momento, há uma espécie de *re-posição da exterioridade*. Na verdade, uma análise atenta dos textos em torno da interversão da lei de apropriação mostra que, nesse ponto, *a exterioridade do sistema é, em certo sentido, posta.*[21] A posição do funda-

---

21 Leia-se, por exemplo, esta passagem em que a relação entre os pressupostos (as condições gerais de produção) e o que é posto (as determinações da produção capitalista) transforma-se "quase" em relação de essência a fenômeno: "O capital variável é, assim, somente uma *forma fenomenal histórica particular* [*eine besondere historische Erscheinungsform*] do fundo de meios de vida ou do fundo de trabalho do qual o trabalhador tem necessidade para a sua autoconservação e reprodução, e que, em todos os sistemas de produção social, ele próprio deve sempre produzir e reproduzir" (W, v.23; K, v.I, p.593; C (L), p.637, grifos meus). Esse texto faz do capital (variável) uma forma fenomenal. Mas forma fenomenal de quê? Literalmente, das condições gerais da produção, no caso, do fundo de trabalho. No entanto, o contexto remete não à história geral, mas à *história da exploração*: "Se o fundo de trabalho só volta a ele constantemente sob a forma de meios de pagamento de seu trabalho é porque o seu próprio produto se afasta constantemente dele sob a forma de capital. Mas essa *forma fenomenal* do fundo de trabalho em nada altera

O capital *e a* Lógica *de Hegel*

mento substancial enquanto fundamento duplamente negado (a "transfiguração" do fundamento substancial) corresponde a uma espécie de posição da história geral, a qual está posta, entretanto, essencialmente como *história da exploração*. Ainda que não haja uma posição explícita do conceito de história da exploração, há, em certa medida, um recorte dessa história sobre o fundo de uma história geral.[22] É normal que a apresentação do capital chegue até lá, pois, na medida em que as determinações da circulação simples são suprimidas, o sistema aparece sob a forma "reduzida", o que o torna imediatamente comparável às formas anteriores de exploração, e imediatamente reconhecível sobre o fundo dessas formas. Em nenhum outro momento de *O capital* o trabalhador aparece tão próximo do escravo ou do servo.

Teríamos, assim, no primeiro momento, uma espécie de dualidade do particular (capitalismo) e do universal; no segundo, uma posição exclusiva do particular, o que não exclui que, sob muitos aspectos, o capitalismo represente o universal concreto; e, em um terceiro momento, a posição do particular *no* universal. Novamente, o terceiro momento faz pensar um movimento da lógica da medida: a história universal (da exploração) aparece como um *meio* que se exprime na particularidade, assim como, na lógica da medida, a medida é, primeiro, medida

---

o fato de que o capitalista adiante ao operário o próprio trabalho objetivado deste último. Tomemos [o caso de] um servo [...]" (ibid., grifos meus).

22 Dir-se-á que isto já ocorre no capítulo sobre a jornada de trabalho, e que o duplo sistema de pressuposições (condições gerais *tout court*/ condições gerais *da exploração*) acompanha todo *O capital*. Aqui, no entanto, dado que se vai até o *Hintergrund* do capital, este aparece imediatamente como momento da história de exploração.

externa, ou mais ou menos indeterminada, para, em seguida, tornar-se a exteriorização de um meio externo.[23]

4 – A dialética exteriorizante

A análise dos momentos da dialética exteriorizante oferece mais dificuldades. Primeiro é preciso estabelecer ao que se visa com a ideia de "dialética exteriorizante". Há duas possibilida-

---

23 Ver, na lógica da medida, o exemplo da temperatura: "Para dar um exemplo, a temperatura é uma qualidade na qual se distinguem estes dois lados [que consistem em] ser *quantum* exterior e *quantum* especificado. Como *quantum*, ela é temperatura exterior e, sem dúvida, também [temperatura] de um corpo como meio universal, da qual se admitirá que sua variação [*Veränderung*] segue a escala da progressão aritmética, e que ela cresce ou decresce uniformemente; ao contrário, ela é *assumida* [*aufgenommen*] *diferentemente pelos diversos corpos que se encontram nela*, pelo fato de que esses corpos, *através da medida imanente a eles, determinam a temperatura recebida do exterior*, e que a variação de temperatura deles não corresponde mais à do médium, como também não correspondem a ele as suas variações respectivas uns em relação aos outros, em relação direta" (WL, v.I, p.348-9; Hegel, *La Théorie de la mesure*, p.38, grifos meus. Cf. o texto da primeira edição WL (1812), p.216-7; L, v.I, p.303-4). *O meio (médium) exterior é análogo à história da exploração*, que é "assumida" pelos diferentes corpos, a saber, as diversas formas de história. De fato, a temperatura não é, aqui, um simples pressuposto, pois, ainda que "determinada" (e não determinante), ela não é uma pura indeterminação. Os corpos assumem e determinam esse meio, ele mesmo determinado, assim como as formas de exploração determinam a história, ela mesma determinada, da exploração. A temperatura será plenamente determinada no momento seguinte – mas a analogia não vai até lá –, quando desaparecerá a diferença entre meio e o corpo. O meio será ainda como um outro corpo qualquer (a seguir, ter-se-á a relação entre o espaço e o tempo na velocidade). Ver Hegel, WL, v.I, p.352; *Anmerkung*, ver *La Théorie de la mesure*, op. cit., p.43.

O capital *e a* Lógica *de Hegel*

des que, aliás, não se excluem. Pode-se falar de exteriorização, pensando na passagem do livro I ao livro II e, até certo ponto, do livro II ao III (embora aqui, a rigor, haja exteriorização e interiorização). Se for esse o caminho, os momentos da dialética exteriorizante seriam os três livros de *O capital*; e o seu primeiro momento, o livro I.

Anteriormente, acompanhamos os diversos momentos da dialética da produção e da circulação nos limites do movimento interiorizante. Mas todo este processo põe a produção do capital e pressupõe sua circulação. No livro II, pelo contrário, a circulação do capital é posta e a produção pressuposta. A apresentação da circulação do capital no livro II vai no sentido de uma totalização e, nessa medida, ela segue, em grandes linhas, a mesma direção que a dialética interiorizante do livro I. Assim, a circulação simples vai da mercadoria às mercadorias; depois, da produção capitalista enquanto capitalista à reprodução e à interversão, o que significa, do capital, do trabalhador e do capitalista individuais ao capital global e às classes capitalista e trabalhadora (consideradas em inércia). O livro II começa com o ciclo individual do capital-dinheiro, mas repõe a totalidade no final, com o ciclo do capital-mercadoria e a reprodução global simples e ampliada. Ao distinguir as duas seções da produção, a que visa aos meios de produção e a que visa aos meios de consumo, a teoria da reprodução do livro II particulariza a totalidade.[24] — A reprodução global, tal como aparece no livro II (esquemas de reprodução) é para a circulação o que o mo-

---

24 O livro III, que é em geral totalizante, des-totaliza também, na primeira seção, ao distinguir os diferentes ramos da produção aos quais correspondem diversas taxas de lucro. O limite da particula-

mento da reprodução-interversão é para a produção: nos dois casos, o movimento do capital ganha um máximo de fluidez, no sentido de que certas determinações são pressupostas (e não postas) no seu *fluxo*. No primeiro caso, são antes as determinações da circulação que são pressupostas, sendo postas a produção e também a apropriação. No segundo, são, antes, as determinações da produção que são pressupostas, sendo posta a circulação. Por fim, o livro III põe a unidade da produção e da circulação.[25]

Mas há uma outra leitura possível da dialética exteriorizante (leitura que não exclui a primeira), na qual vou me deter, principalmente, porque é ela que parece prolongar melhor, num momento inverso, a dialética interiorizante. Seguindo esse caminho, pomos entre parênteses o livro II, e passamos do livro I ao livro III. Mas que momento do livro I representaria o ponto de partida (ou de arranque) da dialética exteriorizante? Aparentemente, esse ponto de partida da dialética exteriorizante estaria no final do livro I, com o terceiro estágio da dialética interiorizante. Entretanto, a dialética exteriorizante parece mais inteligível se partirmos do segundo momento da dialética

---

rização dos capitais seria a teoria da concorrência, que, no entanto, *ex-professo*, está ausente em *O capital*.

25 A análise da equalização das taxas de lucro, por exemplo, não pertence, a rigor, nem à teoria da produção do capital (como lhe pertence, por exemplo, a análise da mais-valia), nem à da circulação do capital (como lhe pertence, por exemplo, a análise da teoria dos ciclos), mas à teoria do capital considerado como unidade da produção e da circulação. Trata-se de saber como massas diversas de mais-valia (produção) se convertem, no plano da circulação, em massas idênticas de lucro para uma mesma quantidade de capital.

interiorizante e não do segundo, isso porque é no segundo que se tem propriamente a posição do capital como sujeito (paralela a uma espécie de neutralização dos fundamentos), ao passo que o terceiro oferece, mais exatamente, um desvelamento do sistema, que aliás excede aí os seus "limites".

Como vimos, os momentos da dialética interiorizante, enquanto dialética da aparência, são a reflexão, o fenômeno e a aparência (a circulação simples enquanto aparência). Partindo do segundo momento dessa dialética, esta nos conduz à *efetividade (Wirklichkeit)*, o análogo da terceira seção da lógica da essência (as duas primeiras são a reflexão e o fenômeno, mas partimos aqui do fenômeno). A efetividade é o fenômeno enquanto fenômeno *da* essência ou, caso se queira, é a unidade posta da essência e do fenômeno. É assim que, em *O capital, o preço de produção* enquanto *manifestação*[26] do capital exprime – e oculta – o valor, enquanto o *lucro médio* exprime – e oculta – a mais-valia. *À efetividade*, que é posta nas primeiras seções do livro III, sucede a apresentação das formas derivadas, que, pelo menos para uma delas, é literalmente uma forma exteriorizada.[27] A dialética exteriorizante é, assim, o desenvolvimento do fundamento-Sujeito, nas formas do capital comercial e do capital portador de juros. O capital portador de juros é a forma exteriorizada com a qual se conclui a apresentação do capital.

---

26 Na *Lógica* de Hegel, o termo "manifestação" (*Manifestation*) aparece ao lado do termo "revelação" (*Offenbarung*), para designar a aparência no nível da efetividade. Tem-se, assim, aparência (*Schein*), fenômeno (*Erscheinung*) e manifestação (*Offenbarung, Manifestation*).

27 Deixo de lado, provisoriamente, a terceira seção do livro III sobre a lei tendencial (ver *infra*).

Em seguida, põe-se o "outro" do capital,[28] a propriedade fundiária e a renda fundiária.

***

O resultado do segundo movimento da dialética de *O capital* é, assim, a exteriorização das relações. Se o movimento interiorizante é, em grandes linhas, *passagem da substância ao sujeito*, o movimento exteriorizante é como que *um retorno do sujeito à substância*, retorno ao que é inerte, a partir do sujeito "vivo". Nesse sentido, a noção central da dialética interiorizante (pondo entre parênteses, o seu terceiro momento) é a de "força do trabalho", mercadoria cujo valor de uso consiste em produzir valor e mais-valia. É essa generalização e universalização da circulação simples – a introdução de uma mercadoria cujo valor de uso consiste em produzir o oposto do valor de uso[29] – que permite a passagem da substância ao sujeito. *A determinação plena da circulação simples é sua negação.*[30] Na dialética exteriorizante, o conceito central é o de capital portador de juros (*zinstrangendes Kapital*). Se, com a força de trabalho, passa-se da substância (trabalho) e das mercadorias enquanto objetos inertes ao sujeito, com o

---

28 Utilizei essa expressão baseada em um texto de Marx em *Recherches sur la formation et la portée...*, op. cit., v.I, ensaio 3, p.310. Cf. MLP, v.II, p.215.

29 Para a justificação do emprego, neste contexto, da noção de oposição, ver MLP, v.I, parte II, ensaio 3.

30 A determinação completa é, portanto, possível para a dialética, mas ela é negação. O predicado que determina plenamente o objeto o nega. Em certo sentido, aqui se realiza inteiramente – e, por isso, *contra* Spinoza – o adágio "toda determinação é negação".

capital portador de juros retorna-se, de certo modo, à substância. Nesse sentido, *o capital ele mesmo* torna-se coisa, *o capital torna-se mercadoria*: "a coisa [*Ding*] (dinheiro, mercadoria, valor) é agora, enquanto simples [*blosse*] coisa, já capital, e o capital aparece como simples coisa; o resultado do processo global de produção aparece como uma *propriedade* [*Eigenschaft*] que cabe por si mesma a uma coisa".[31] É a exteriorização (*Veräusserlichung*) do sujeito.[32] Retorno do sujeito à substância, mas a uma substância que tem *como propriedade* ser sujeito.[33] Enquanto mercadoria, o capital contém as determinações opostas valor de uso

---

31 W, v.25; K, v.III, p.405; *Le Capital*, livro III (abreviarei por C (Éd. S)), tomo II (VI), p.5. Grifo meu em "propriedade", "coisa" grifado por Marx.

32 "A exteriorização [*Veräusserlichung*] da relação (de) capital sob a forma do capital portador de juros"; W, v.25; K, v.III, p.404; C (Éd. S), livro III, tomo II (VII), p.55.

33 Na lógica da essência, de Hegel, a propriedade é o equivalente mais exato da qualidade, a qual pertence à lógica do ser (ver WL, v.II, p.109; L, v.II, p.159). O "Sujeito", que se torna, ele mesmo, propriedade da coisa, representa assim o retorno do conceito à essência, mas à essência enquanto coisa. A coisa (*Ding*) e sua propriedade (*Eigenschaft*) precedem a emergência do fenômeno (*Erscheinung*), e sucedem à aparência e à reflexão. Mas a coisa e sua propriedade evocam muito mais o ser do que os outros momentos da lógica da essência. Por outro lado, Hegel estabelece uma correspondência entre a propriedade e a coisa-em-si, assim como entre a relação destas e a reflexão exterior (ver WL, v.II, p.110; L, v.II, p.160). Ora, a reflexão exterior se caracteriza como uma reflexão que se faz a partir do ser (ver WL, v.II, p.20; L, v.II, p.29: "A reflexão exterior começa a partir do ser imediato, a reflexão que põe, a partir do nada"). Em consequência, do capital industrial ao capital portador de juros, não só se retorna do conceito à essência, mas do conceito ao ser. Assim, pode-se ver o interesse que pode oferecer a ideia de reflexão exterior para pensar a dialética exteriorizante e, em geral, a

e valor, mas não na forma em que isto ocorre para o capital industrial, e mesmo o comercial; também não enquanto determinações em que uma é somente suporte da outra, como acontece no caso da simples mercadoria.[34] Aqui, as duas determinações se reúnem porque o valor de uso dessa mercadoria é produzir valor: "O capitalista monetário aliena na verdade um valor de uso e, por isso, o que ele cede, o cede como mercadoria. E, até aí, a analogia com a mercadoria enquanto tal é completa [...]. Mas, diferentemente da mercadoria ordinária,[35] *esse valor de uso é ele mesmo valor, isto é, o excedente da grandeza de valor em relação à sua grandeza de valor primitivo. O lucro é esse valor de uso.* O valor de uso do dinheiro emprestado é: *poder funcionar como capital* e, enquanto tal, produzir, sob condições médias, o lucro médio".[36] Com o que se reconhece a analogia com *a mercadoria força de trabalho*, mas, ao mesmo tempo, *a irracionalidade* da determinação: "O dinheiro assim emprestado tem, nesse sentido, uma certa analogia com a força de trabalho na sua situação relativa ao capitalista industrial [...]. O valor de uso da força de trabalho é para o capitalista industrial: produzir no seu emprego mais valor (o lucro) do

---

     ideia de exteriorização e de alienação (objetivas) em Marx. Voltarei posteriormente a esse tema.

34 Se o capital emprestado tiver a forma dinheiro, temos aqui: 1) um valor de uso material (negado), o ouro; 2) o valor – elemento formal – materializado no ouro; 3) esse elemento formal não simplesmente como determinação do capital, mas como sua encarnação (cf. a relação dinheiro/mercadoria na mercadoria dinheiro), isto é, esse elemento formal ele próprio como matéria, como valor de uso; 4) um preço (ou "preço"), de novo um elemento formal, mas que não tem nada a ver, a não ser muito indiretamente, com o valor.

35 Esta diferença não é a única.

36 W, v.25; K, v.III, p.364; C (Éd. S), livro III, tomo II (VII), p.20, grifo meu.

que ela possui ela mesma, e do que ela custe. Esse excedente de valor é seu valor de uso para o capitalista industrial. Da mesma forma, o valor de uso do capital dinheiro emprestado aparece como sua capacidade de pôr e de aumentar seu valor".[37] Por outro lado, na medida em que os juros são o análogo do preço, a mercadoria capital tem um preço *irracional*: "Se se quiser chamar os juros de preço do capital dinheiro, tem-se então uma *forma irracional* [*irrationnelle*] do preço que está, na verdade, em contradição com o conceito de preço da mercadoria. O preço é aqui reduzido à sua forma puramente abstrata e sem conteúdo, pois [*daß*] ele é uma soma determinada de dinheiro que é pago por algo que figura, de uma maneira ou de outra, como valor de uso; ao passo que, segundo seu conceito, o preço é igual ao valor expresso em dinheiro desse valor de uso".[38] Tem-se, portanto, uma forma aconceitual. A diferença não é mais uma simples modificação qualitativa. Ela atinge a natureza das relações entre valor e preço, e entre valor e valor de uso. O preço do capital portador de juros emprestado (quer se trate de dinheiro ou de meios de produção), os juros, não é pago simplesmente em troca da entrega (provisória, no caso) de um valor de uso, e não são regulados pelo valor, como no caso da mercadoria comum. Na verdade, o preço é aqui uma parcela do dinheiro obtido pelo uso do objeto. O preço é vinculado ao seu uso, e é nesse sentido que Marx afirma que se paga por um valor de uso. Entretanto, o capital portador de juros, em dinheiro ou em meios de produção, é valor, e na aparência os juros seriam

---

37 W, v.25; K, v.III, p.364; C (Éd. S), livro III, tomo II (VII), p.19.

38 W, v.25; K, v.III, p.366; C (Éd. S), livro III, tomo II (VII), p.21-2, grifo meu.

fixados pelo contrato em proporção a esse valor. A situação seria análoga à do aluguel de uma casa. Como a transferência é provisória, pagar-se-ia somente uma parte do valor da casa. Mas a analogia é enganosa. Mesmo que o capital constitua valor, seu preço (juros) não equivale ao valor nem consiste, na verdade, em uma parte deste último (e isto, mesmo se, uma vez fixada a divisão pelo contrato, uma proporção se estabeleça entre os juros e o capital). O preço (juros) é uma porção da utilidade (lucro) que esse valor representa enquanto valor de uso. É do valor de uso que se extrai, *aqui*, o preço, ainda que esse valor de uso seja, ele mesmo, valor, o que permite, *a posteriori*, pôr em relação preço e valor.[39]

A dialética interiorizante foi caracterizada pelo seguinte "silogismo": "o trabalho é valor", "o valor é... capital",

---

39 Observo que se, nesse caso, o valor de uso é paradoxalmente valor (que se valoriza), é o trabalho abstrato, e mais precisamente o processo de valorização, qualquer que seja, a origem efetiva do capital a juros, que representa aqui o elemento criador de valor de uso. O processo de valorização é, assim, nesse contexto, o análogo do trabalho concreto. Não é o trabalho de produção do ouro ou da mercadoria etc. que produz o valor de uso *capital*, mas o processo produtivo formal (o trabalho abstrato no processo de valorização). O processo formal produz, aqui, a forma (valor) e a matéria (valor de uso), pois a forma é, aqui, matéria, ainda que se pressuponha o trabalho concreto de produção do ouro ou da máquina. Em outro caso de irracionalidade, o objeto mesmo que é transferido (a terra) não é valor, pois ele não é produzido pelo trabalho, mesmo que o preço esconda ainda relações econômicas indiretas (o preço da terra está relacionado com a renda fundiária que a propriedade fundiária permitirá açambarcar). Ainda em outro caso (suborno, compra da "consciência"), não somente não se trata de valor, de objeto produzido pelo trabalho, mas não há tampouco qualquer relação econômica verdadeira subjacente.

"o trabalho é capital". A apresentação da dialética exteriorizante sob a forma de um silogismo oferece dificuldades. Em grandes linhas, não há volta a um ponto de partida. Para construir uma série com alguma analogia com a série que propus para a dialética interiorizante, seria preciso tomar como o ponto de partida o seu "ponto de arranque" (não o primeiro momento) da dialética exteriorizante, que é o segundo da dialética interiorizante, e construir tanto a menor quanto a conclusão com o segundo momento da dialética exteriorizante. Poderíamos ter, então, o seguinte "silogismo": "o capital é mercadoria", "o capital é... capital portador de juros", "o capital (portador de juros) é mercadoria". A "premissa maior" representa aquilo que chamo de juízo do Sujeito.[40] Ela exprime a relação entre o Sujeito – o qual, enquanto sujeito, *não* passa no predicado – e uma de suas formas fenomênicas, relação que se situa precisamente no segundo momento da dialética interiorizante. A "premissa menor": "o capital é... capital portador de juros", exprime uma passagem do Sujeito na substância. Nesse sentido, ela é o inverso da "premissa menor" do "silogismo" da primeira dialética ("o valor é... capital"), que indica uma passagem interiorizante da substância ao Sujeito. Se não houvesse parênteses, os quais, entretanto, podem ser eliminados, a conclusão, "o capital (portador de juros) é mercadoria" é, *aparentemente*, idêntica à "premissa maior". Mas se trata, na verdade, de *dois julgamentos distintos*, e todo o segredo do início da seção V do livro III (sobre o capital portador de juros) está na distinção entre esses dois juízos. É preciso distinguir, por um lado, *o capi-*

---

40 Ver nota 14.

tal enquanto capital como mercadoria e, por outro, *o capital-mercadoria*.
"Não se pode jamais perder de vista que, aqui, o *capital enquanto capital* [*Kapital als Kapital*] é mercadoria ou que *a mercadoria de que se trata é capital*. Todas as relações que aparecem, aqui, seriam, portanto, irracionais [*irrationnel*] do ponto de vista da simples mercadoria, ou *mesmo do ponto de vista do capital na medida em que ele funciona no processo de reprodução como capital-mercadoria*".[41]

Tomando propriamente os três momentos da dialética exteriorizante – antecipando os resultados –, só poderíamos ter uma sequência da seguinte ordem, a qual não é mais um "si-

---

41 W, v.25; K, v.III, p.366; C (Éd. S), livro III, tomo II (VII), p.21, grifos meus. "É necessário aqui fazer uma distinção. Vimos [...] e lembramos aqui brevemente que o capital funciona no processo de circulação como capital-mercadoria e como capital-dinheiro. *Mas em nenhuma das duas formas o capital se torna, enquanto capital, mercadoria*" (W, v.25; K, v.III, p.354; C (Éd. S), livro III, tomo II (VII), p.10, grifos meus). "Ele [o capital] nunca aparece, no seu processo de circulação, enquanto capital, mas somente enquanto mercadoria ou dinheiro, e esta é a sua única existência [*Dasein*] para outrem. Mercadoria e dinheiro são aqui capital *somente na medida em que a mercadoria se transforma em dinheiro, e o dinheiro em mercadoria*, não em suas relações efetivas com o comprador e o vendedor, mas *somente em suas relações ideais* [*ideellen*], seja com o próprio capitalista (subjetivamente consideradas), seja como momentos do processo de reprodução (objetivamente consideradas). Em seu movimento efetivo, o capital não existe enquanto capital no processo de circulação, mas apenas no processo de produção, no processo de exploração da força de trabalho" (W, v.25; K, v.III, p.355; C (Éd. S), livro III, tomo II (VII), p.12, grifos meus, exceto "para outrem"). Vê-se que o capital não aparece enquanto tal no capital-mercadoria. Ele aparece enquanto tal só em dois casos: ou como mercadoria-capital, ou no processo de exploração da força de trabalho, no qual, de resto, ele é capital sem ser propriamente mercadoria.

logismo", mesmo no sentido hegeliano, embora se possa comentá-la a partir da lógica de Hegel (em particular do capítulo sobre o juízo, na lógica do conceito). Primeiro juízo (correspondente à Efetividade ou à Manifestação, primeiro momento da dialética exteriorizante): "o capital como essência é... o capital como aparência". Segundo juízo (segundo momento da dialética exteriorizante): "o capital é mercadoria (enquanto capital a juro)". Terceiro juízo (terceiro momento da dialética exteriorizante): "o capital é... a propriedade da terra". Ou simplesmente, se considerarmos a "fórmula trinitária", "o capital é... a terra". O primeiro juízo exprime uma passagem da essência à aparência; o segundo (já comentado), a "substancialização" do capital como mercadoria; o terceiro, que exprime uma irracionalidade, converge com uma forma de juízo, que, a rigor, como diz o próprio Hegel, é um não juízo, mas que ele denomina "juízo infinito". Entre os exemplos que fornece desse (não) juízo, estão: "o espírito não é amarelo", "o espírito não é [um] ácido", "a rosa não é um elefante".[42] De fato, os exemplos fazem pensar no "logaritmo amarelo"[43] que Marx introduz nesse contexto (e Marx devia estar consciente disto).

***

A dialética exteriorizante conduz, assim, ao capital portador de juros, capital que, enquanto capital, é mercadoria, a forma mais exteriorizada do capital. Com isto, conclui-se a apresenta-

---

42 "[...] o juízo infinito [...] é [...] um juízo em que é suprimida até a forma do juízo [...] é [...] um juízo absurdo [*widersinniges*] [...] [...] ou antes, eles não são juízos" (WL, v.II, p.284-5; L, v.II, p.123).

43 Ver *infra*.

ção do capital. Mas, no modo de produção capitalista, ou pelo menos em sua figura clássica, há uma outra forma, além do capital. É a propriedade da terra, na medida em que ela dá direito à obtenção de uma parcela da mais-valia produzida. Essa punção constitui a forma de distribuição que é a *renda fundiária*. Observar-se-á que a relação de produção coincide aqui com a "propriedade de...", ela tem a forma do pressuposto. Ao passo que, para o capital, distingue-se propriedade do capital e capital, aqui não se pode fazer tal distinção. Não se pode dizer, em termos formais, "terra" e propriedade da terra, já que "terra" exprime a matéria e não a forma. Por outro lado, por se tratar apenas de uma relação de produção negativa ou mediada,[44] o que é posto não é a relação ela mesma, mas a forma de distribuição que lhe corresponde, a renda fundiária.

O capital a juro, momento da dialética exteriorizante, tem analogia com a parte final da *Lógica* e com a passagem às ciências filosóficas reais. Tal como a Ideia, em particular a Ideia absoluta, é retorno ao ser,[45] o capital portador de juros é capital que retorna à condição de mercadoria. O ciclo se fecha. De resto, o capital portador de juros (*a fortiori*, enquanto capital bancário) é capital coletivo singularizado, o universal concreto da sociedade capitalista.[46]

---

44 Sobre esse tema, ver *Recherches sur la formation et la portée...*, v.I, op. cit., ensaio 3; e MLP, v.II, terceira parte, ensaio 3.

45 "[...] Só a ideia absoluta é ser [...]." Mas Hegel acrescenta: "[...] vida imperecível, verdade se sabendo, e é toda verdade" (WL, v.II, p.484; L, v.III, p.368).

46 "A característica com o qual [*als was*] o capital industrial aparece apenas no movimento e na concorrência entre as diversas esferas, [a saber] o de *capital comum da classe*, se mostra [*tritt... auf*] aqui, efetivamente, em toda sua força, na demanda e na oferta de capital. Além

Ao passar à renda fundiária, abandonamos a esfera do capital. Com que movimento hegeliano essa passagem poderia ter alguma analogia? Em certa medida, *com a exteriorização da ideia na natureza*. Bem entendido, propriedade da terra e renda são formas, mas as determinações que constituem a filosofia da natureza na *Enciclopédia* hegeliana também o são. Nos dois casos, o objeto aparece com uma racionalidade diminuída. A ideia se exterioriza na natureza, um objeto de troca aparece como objeto natural.[47] Tem-se a aparência-mercadoria sem que se tenha o valor e sua substância, o trabalho.[48]

---

disso, o capital-dinheiro possui, efetivamente, no mercado, a figura sob a qual, enquanto elemento comum indiferente em face do seu próprio uso, ele se reparte entre as diferentes esferas no interior da classe capitalista, de acordo com as necessidades de produção de cada esfera particular. A acrescentar que, com o desenvolvimento da grande indústria, o capital-dinheiro, logo que aparece no mercado, *é cada vez menos representado pelo capitalista individual*, proprietário desta ou daquela fração do capital que se encontra no mercado, mas se apresenta como uma massa organizada e concentrada, a qual, de uma maneira, na realidade, distinta da produção real, é colocada sob o controle do banqueiro, representante do capital social. De tal modo que, no que diz respeito à demanda, o peso [*Wucht*] de uma classe afronta o capital de empréstimo; no que diz respeito à oferta, ele mesmo se apresenta em massa como capital de empréstimo" (W, v.25; K, v.III, p.381; C (Éd. S), livro III, tomo II (VII), p.34-5, Marx grifa "capital comum da classe").

47 A *Grund*rente e o *Grund*eigentum, ao contrário do que o termo poderia sugerir, não nos remete ao fundamento, mas, ao contrário, à exterioridade.

48 "É a renda fundiária, assim capitalizada, que constitui o preço de compra ou valor da terra; uma categoria que *prima facie* é tão *irracional* quanto o preço do trabalho, uma vez que a terra não é produto do trabalho e não tem valor. Por outro lado, por detrás dessa forma

O capítulo 48, que abre a seção final do livro III ("os rendimentos e as suas fontes"), "a fórmula trinitária", descreve a

---

irracional, se dissimula uma relação de produção real" (W, v.25; K, v.III, p.636; C (Éd. S), livro III, tomo III (VIII), p.15, grifos meus). Seria útil citar integralmente um outro parágrafo: "A relação entre uma parte da mais-valia, a renda em dinheiro – já que o dinheiro é a expressão autônoma do valor – e a terra é, em si, absurda [*abgeschmackt*] e irracional [*irrationnell*]; porque são grandezas incomensuráveis que se medem aqui reciprocamente, por um lado, um valor de uso determinado, um terreno de tantos metros quadrados, por outro lado um valor, mais precisamente, a mais-valia. Na realidade, isto exprime somente que, nas condições dadas, a propriedade desses metros quadrados de terra permite ao proprietário fundiário açambarcar um determinado *quantum* de trabalho não pago, que o capital [...] realizou nesse [terreno de tantos] metros quadrados, tal como um porco fuçando batatas. *Prima facie*, [ao utilizar tal forma de] expressão [*Ausdruck*] é como se falássemos [*Ausdruck*] *da relação entre uma nota de 5 libras e o diâmetro da terra*. Entretanto, as mediações das formas irracionais, em que aparecem e praticamente se resumem as relações econômicas determinadas, não afetam em nada as atividades econômicas correntes [*Handel und Wandel*] dos agentes [*Träger*] práticos dessas relações; e como eles estão habituados a se movimentar no meio delas, o entendimento deles não se escandaliza de forma alguma com isso. *Uma perfeita contradição não tem, para eles, nada de misterioso.* Eles se sentem em casa, como peixes na água, nas *absurdas formas fenomênicas alienadas* [*entfremdeten*] *da conexão interna*, tomadas por si isoladamente. É válido aqui o que Hegel disse a propósito de certas fórmulas matemáticas, [a saber] que *aquilo que o entendimento humano comum acha irracional é racional, e que seu Racional* [Rationell] *é a própria irracionalidade*" (W, v.25; K, v.III, p.787; C (Éd. S), livro III, tomo III (VIII), p.161-2, grifos meus). O texto de Hegel ao qual Marx se refere se encontra no §231 (edições de 1827 e de 1830) da pequena *Lógica*: "Contudo, ela [a geometria] se depara, finalmente, em seu curso, o que é notável, com dados *incomensuráveis* e *irracionais*, ou, se ela quiser ir mais longe no ato de determinar, ela é *lançada para além* aparência (*Schein*) do sistema.[49] No terceiro momento da dialética interiorizante, encontramos a aparência, mas somente no sentido de que, com aquele terceiro momento, a circulação simples (o primeiro momento) tornava-se pura aparência, pelo fato de ser duplamente negado. Em si mesmo, esse terceiro momento correspondia a um máximo de *interiorização*. Aqui, ao contrário, é o sistema global que se apresenta enquanto aparência. Ele se mostra não somente como *coisa* sem fundamento (fundamento substancial ou fundamento sujeito), mas também como uma confusão geral entre matéria e forma. Aqui se trata do capital a juro e da renda da terra, mas também do trabalho e do salário (fórmula trinitária: capital – juro; terra – renda da terra; trabalho – salário (*Arbeitslohn*)).

***

Reunindo as duas dialéticas, temos sucessivamente:

A) Dialética interiorizante:

    1) fundamento substancial posto e reflexão (circulação simples);

---

do próprio princípio do entendimento [*Verständige*]. Aqui também, como frequentemente em outros lugares, aparece, na terminologia, a inversão, na qual, o que é chamado *racional* é o que pertence ao *entendimento* [*Verständige*], enquanto o que é chamado *irracional* é antes um começo e um traço da *racionalidade* [*Vernünftigkeit*]" (*Enz.*, v.I, p.384; *Enc.*, v.I, p.457-8, grifos de Hegel).

49 O capítulo 50 do livro III (seção VI) de *O capital* se chama "A aparência [*Schein*] da concorrência" (W, v.25; K, v.III, p.860; C (Éd. S), livro III, tomo III (VIII), p.229).

2) fundamento substancial presente mas "limitado" pelo capital, fundamento sujeito posto e fenômeno (capital enquanto capital);

3) fundamento substancial *posto como negado* e redução à aparência do primeiro momento (reprodução, interversão).

B) Dialética exteriorizante (o seu "melhor" ponto de inserção é o segundo momento da dialética anterior):

1) fundamento-sujeito posto como efetividade, isto é, manifestação (capital e lucro médio, capital e preço de produção);

2) exteriorização do fundamento, formas exteriorizadas, capital a juro;

3) exteriorização do fundamento, formas exteriorizadas: a renda da terra.

Aparência ilusória, confusão entre forma e conteúdo (fórmula trinitária) (refere-se ao juro (2) e à renda fundiária (3), mas também ao trabalho assalariado).[50]

5 – A apresentação dialética, a *Aufklärung* e a "superstição"

Dissemos que os dois extremos da apresentação são a interversão das relações de apropriação, que revelam o *Hintergrund* do sistema, e a exteriorização das formas. No primeiro ponto, ele se manifesta com um máximo de fluidez; no segundo, sob sua

---

50 Para simplificar, não incluo nesse esquema a exteriorização enquanto posição da circulação, tal como ela se encontra no livro II.

forma mais cristalizada. A "pulsação" do sistema é esse movimento que vai da fluidez à cristalização e vice-versa.[51] Mas essa dualidade nos conduz à dualidade do convencionalismo e do fetichismo, bem como à da economia clássica e da economia pré-clássica. Na verdade, o momento interiorizante da fluidez leva a suas últimas consequências a economia clássica enquanto crítica, mais precisamente, remete para além dos limites que a economia clássica não pode ultrapassar. O momento exteriorizante da cristalização representa, ao contrário, a economia pré-clássica, ele dá o que lhe cabe à economia pré-clássica, à economia "fetichista" criticada pelos clássicos. Embora haja certa distância entre, de um lado, os dois conteúdos e, de outro, os dois momentos, de certo modo, o movimento desses dois momentos é, assim, o de duas "ideias" do sistema, a clássica e a pré-clássica: a dialética da apresentação (e a "pulsação" objetiva) do sistema corresponde, na realidade, à dialética da *Aufklärung* e da superstição.

Vejamos isso mais de perto. Marx critica os clássicos dizendo que eles não foram suficientemente longe na crítica do fetichismo. Eles mesmos fetichizam. Mas, ao mesmo tempo, ele os critica porque teriam ido *longe demais*. A cristalização das relações que eles denunciam como uma ilusão da economia supersticiosa é, na verdade, uma cristalização real. Essa dupla atitude em face da economia *aufklärer*, a economia protestante como já dizia o jovem Engels,[52] implica uma dupla atitude também com res-

---

51 Vice-versa para o polo objetivo.

52 "Mas quando Adam Smith, o Lutero da economia política [*ökonomische Luther*] criticou a economia [existente] até então, as coisas tinham mudado bastante" (Engels, Umrisse einer Kritik der Nationalökonomie, em Marx; Engels, *Werke*, v.1, p.503). Cf. Marx:

peito à economia "católica". Por um lado, esta última fetichiza, como denunciam os clássicos, e, nesse sentido, a crítica marxiana é a radicalização da crítica *aufklärer*. Todavia, Marx reabilita, ao mesmo tempo, pelo menos relativamente, a economia "supersticiosa": a fetichização é, em parte, objetiva. O real fetichiza. E, sendo assim, o discurso fetichista, *devidamente reduzido* (da naturalização à *quase* naturalização), tem certa objetividade, pelo menos para uma região do objeto.[53]

A interversão da lei de apropriação representa assim, por excelência, a crítica dos clássicos. Marx diz, de maneira expressa, que os clássicos não foram até aí, e que este é o limite deles.[54] Mas, por isso mesmo, a interversão é o prolongamento da crítica *aufklärer*, isto é, o ponto em que ela ultrapassa o "iluminismo" dos clássicos, assinalando os seus limites. A apresentação das formas exteriorizadas representa, por sua vez, a crítica da economia supersticiosa, mas também o reconhecimento da verdade da exteriorização em favor da "superstição" e contra os clássicos. Na realidade, se por um lado essa apresentação é um prolongamento da crítica feita pelos clássicos, por outro, ela é uma denúncia do convencionalismo destes últimos como *antifetichismo abstrato*.

"O sistema monetário é essencialmente católico, o sistema de crédito é essencialmente protestante" (W, v.25; K, III, p.606; C (Éd. S), livro III, tomo II (VII), p.252).

53 Desde Keynes, e mesmo antes dele, a economia "supersticiosa" aparece como sendo menos fetichista do que pretendia a crítica *aufklärer*. Ver, a esse respeito, Schumpeter, *Histoire de l'analyse économique*, segunda parte, cap.VII: Os escritos mercantilistas.

54 Ver G, p.489; G (L), v.II, p.86; G, p.489; G (L), v.II, p.43. Cito esses textos em MLP, v.I, p.52-3.

No interior da circulação simples, é o segundo momento do dinheiro, a fluidez da circulação que corresponde aos clássicos, diante do terceiro, o dinheiro enquanto dinheiro. Mas, no interior do terceiro momento do dinheiro, os dois polos coexistem sob a forma do meio de pagamento, segunda subdeterminação do terceiro momento. Por isso, Marx poderá falar de contradição do meio de pagamento: enquanto a dívida não vence, o dinheiro enquanto tal não é necessário à transferência da mercadoria (e se as dívidas são compensadas, o dinheiro se funde no cálculo); mas, uma vez a dívida vencida, e se não houver compensação, a forma dinheiro se autonomiza diante da forma mercadoria.

No interior das formas do capital, o capital bancário, que é a forma universalizada do capital portador de juros (sendo este a forma exteriorizada do capital), contém uma contradição análoga. O crédito permite obter capital-dinheiro antes da venda da mercadoria, antes da transformação do capital próprio da forma mercadoria na forma dinheiro. Nesse sentido, ele fluidifica a circulação do capital, o qual tende, por isso, a eliminar o tempo de circulação. Mas, quando a dívida vence, o capital é posto como forma absoluta.[55] Voltarei a isso.

✳✳✳

A que correspondem, mais precisamente, em termos lógicos, os modelos subjacentes ao movimento de interiorização e ao movimento de exteriorização, isto é, a *Aufklärung* e a "superstição" econômicas? Numa primeira aproximação mais ou

---

55 Suponho um empréstimo sob a forma de capital-dinheiro.

menos tautológica, poderíamos dizer que, em um caso, teríamos um entendimento interiorizante e, no outro, um entendimento exteriorizante. Nos limites dos modelos, trata-se, sem dúvida, ainda do entendimento, e não da razão (dialética). O entendimento interiorizante nos conduz à essência. Por isso, Marx reconhece sua cientificidade (nos limites da essência), mas discurso da essência não quer dizer necessariamente discurso dialético.[56] Apesar da utilização de uma outra linguagem, Smith e Ricardo distinguem, sem dúvida, essência e aparência. No entanto, para além de outras insuficiências, os dois permanecem aquém da lógica do conceito, daí a "fetichização" *aufklärer*. Pode-se dizer que, em ambos, a essência não se apresenta como movimento, mais precisamente como movimento "suprimido".[57]

---

56 Para mostrar essa dissociação para além dos clássicos da economia, poderíamos nos referir a Freud. No caso de Freud – penso na *Traumdeutung* –, temos também um discurso da essência, mas que não é, a rigor, um discurso dialético. Um discurso plenamente dialético parece possível também para esse caso.

57 A lógica da essência, como as "duas" outras lógicas, é uma lógica do movimento. Isto não é imediatamente visível, porque o movimento essencial é movimento "suprimido": "a essência é reflexão; *o movimento do vir-a-ser* [Werden] *e do passar* [Übergehen] *que permanece em si mesmo*, em que o diferenciado é determinado apenas como o negativo em si, como aparência [*Schein*]" (WL, v.II, p.13; L, v.II, p.17, grifos meus). O devir na essência, seu movimento reflexionante, é, por conseguinte, o movimento do nada ao nada e, por isso, de volta a si mesmo [*zu sich selbst zurück*]. *O passar ou devir se "suprime" no seu passar*; o outro que vem a ser nesse passar não é o não ser de um ser, mas o nada de um nada e isto, [a saber] ser a negação de um nada, constitui o ser [isto é, constitui o ser da essência, RF]. Cf. a seguinte frase: "O ser é somente enquanto movimento do

O entendimento interiorizante, que corresponde à economia clássica, representa assim a lógica da essência "petrificada" sob uma forma não dialética e, no entanto, "racional" (*verständige*). Uma espécie de lógica da essência em que se colocaria entre parênteses a dialética. O entendimento exteriorizante – utilizemos, por ora, esses termos – da economia pré-clássica vai, por sua vez, na direção do sensível, do imediato, em geral. Ele converge, assim, com a lógica do ser. Mas trata-se, igualmente, de uma lógica do ser "des-dialetizada". De fato, a lógica do ser se caracteriza por introduzir determinações *aparentemente* autônomas (isto constitui sua imediatidade), que passam, apesar delas, ao seu contrário.[58] – O conjunto da tradição econômica

---

nada ao nada; assim, ele é essência" (WL, v.II, p.13-4; L, v.II, p.18, grifos meus). Se perdermos de vista que a essência é movimento "suprimido", não se compreende nem a originalidade de Hegel em relação àquilo que, antes e depois dele, foi escrito sobre a essência, nem o encadeamento da lógica da essência com as outras lógicas (de Hegel). A "supressão" do devir é, na verdade, a mediação que prepara o devir re-posto e interiorizado pelo conceito, a "terceira" lógica. Mas o que significa dizer que a essência, em Smith e Ricardo, não é um movimento "suprimido"? A resposta não é tão simples, mas pode-se dizer, por exemplo, que a ausência, em ambos, de um desenvolvimento da forma do valor, isto é, da polaridade forma relativa/forma equivalente, polaridade em que o movimento da essência enquanto movimento "suprimido" se manifesta, é uma prova disso. Uma leitura dos clássicos em termos estritos da lógica hegeliana da essência vai certamente além do que os seus textos dizem efetivamente.

58 O termo "*Selbständigkeit*" (autonomia) é utilizado somente a partir da lógica hegeliana da essência. Ele é paradoxal, uma vez que as determinações da essência são autônomas somente pelo fato de não o serem. Cada uma passa, ou antes, se põe em algo diferente – tem-se

Ruy Fausto

tem, portanto, algo a ver com a uma *lógica do ser imobilizado* e com uma *lógica da essência reduzida*.

***

Realizar a síntese ou a unidade da *Aufklärung* e da "superstição" foi, bem entendido, um dos objetivos de Hegel, antes de ser um projeto de Marx. Essa unidade se reconhece na *Lógica* como também na *Fenomenologia do espírito*. Uma das seções do "Espírito" na *Fenomenologia do espírito* lhe é, em grande parte, explicitamente consagrada. Mas como a unidade hegeliana da *Aufklärung* e da "superstição" se distingue da unidade marxiana dessas duas figuras? Para tentar responder essa questão, será necessário prolongar ainda a análise anterior, principalmente estudar o estatuto dessa *irracionalidade* crescente que marca a progressão da dialética exteriorizante. Entretanto, antes disso, na seção 6, irei considerar o movimento *móvel* do sistema, que ainda não foi tratado.

6 – O movimento móvel: apresentação e modalidade; a crise

Até aqui, o sistema foi visto somente no seu movimento imóvel. No entanto, ele está submetido à "corrupção". Sua

---

o termo *unselbständig* (in-autônomo) para o momento da posição – e, por isso, paradoxalmente, não passa. Inversamente, as determinações do ser são não autônomas porque autônomas. Elas não estão ligadas a nenhuma diferença. E, por isso, *elas não permanecem* iguais a si mesmas.

apresentação é também seu desdobramento enquanto objeto corruptível. Isto não significa desenvolver historicamente
o processo de decomposição do sistema – embora isso venha
em seguida como ilustração[59] –, mas apresentar logicamente
sua vocação à decomposição, seu ser como objeto corruptível.
Mas, se se trata de uma apresentação lógica da corrupção do
sistema, ela já não estaria dada na própria apresentação do seu
ser, tal como a fizemos até aqui? Em certo sentido, sim, mas
a análise anterior é incompleta. Ela não atribui um lugar suficiente ao negativo. Omiti a discussão da terceira seção do livro
III, que trata da lei tendencial. Mais precisamente, aquilo que
não foi mostrado é que a apresentação positiva que contém
em si a negativa *passa*, em certo momento, nesta última. Antes
disso, será preciso analisar mais de perto a presença virtual do
negativo no positivo.

Na verdade, não podemos ler a apresentação de *O capital* simplesmente como um sistema de enunciados positivos, mesmo se
se pode mostrar que esses enunciados ou julgamentos se articulam negativamente. Se quisermos compreender a dialética marxiana, não basta introduzir uma negatividade, digamos, horizontal.

---

59 *Nota de março de 2019*: Refiro-me em particular à ilustração que se
encontra no final do capítulo 23 do livro I, "A lei geral da acumulação capitalista", mas a referência pode ser entendida em termos
mais gerais. Nesse capítulo vai-se até mostrar a inseparabilidade do
processo de acumulação e, portanto, do enriquecimento, num polo,
do progresso da miséria, no outro. E se enuncia a "lei" *do aumento
tendencial da composição orgânica*. Mas a contradição interna do sistema
(ou, pelo menos, aquilo que Marx considera como tal, a "*lei tendencial
da queda da taxa de lucro*", consequência do aumento da composição
orgânica) só será tratada no livro III, nos capítulos de 13 a 15.

É necessário abrir espaço também a uma negatividade vertical. O sistema, enquanto encadeamento de julgamentos positivos – que esses julgamentos exprimam as passagens de um momento a outro ("a mercadoria é... dinheiro, "o valor é... capital") ou que sejam interiores a um momento ("o valor é... valor de troca", "o capital é mercadoria" etc.) –, deve ser lido como a esfera posta que é redobrada por um encadeamento de julgamentos negativos que representam o domínio *pressuposto*. Se, por exemplo, diz-se que a mercadoria é... dinheiro, isto significa, imediatamente, que é possível que a mercadoria não seja dinheiro. O julgamento "a mercadoria é... dinheiro" é o lado posto do julgamento "a mercadoria não é... dinheiro" (= "a mercadoria não conseguiu se transformar em dinheiro"). Se o capital é mercadoria, é possível que, no entanto, o capital não seja mercadoria etc. Em outros termos, os julgamentos que constituem a apresentação de *O capital* são, bem entendido, postos, mas a posição deles não é absoluta. A posição deles é negativa, no sentido de que eles são "negantes" ou "nadificantes", eles "negam" – portanto *pre*-supõem – o seu contraditório (nesse estrato pressuposto, a concorrência deve estar presente). Não se poderia dizer a mesma coisa para a dialética de Hegel? Discutirei isto em outro lugar. No momento, apresentemos de modo mais detalhado essa *dialética da modalidade*.[60]

De modo bastante geral, pode-se dizer que o discurso de *O capital* enquanto discurso teórico remete, em geral, à *necessidade*. Seu objeto, sobretudo enquanto correlato do discurso teórico "puro", pode, também, ser dito necessário. Entretanto, existe, na realidade, uma progressão modal em *O capital*, que

---

60 Para um modelo simplificado, ver mais adiante nota 65 (*nota de março de 2019*).

tem lugar tanto no plano da dialética interiorizante quanto no da dialética exteriorizante.

Começando pelo modo de produção capitalista como circulação simples. Já aí, o discurso aponta para um segundo estrato, pressuposto, que tematizaria a possibilidade de uma não realização das operações de troca descritas. Reconhece-se assim um polo – posto – dos processos *normais*, que é o dos possíveis (possível que sim), e um polo – pressuposto – dos processos *anormais*, que é o do contingente (possível que não):

> a divisão do trabalho transforma o produto do trabalho em mercadoria e torna, assim, *necessária* a transformação desse produto em dinheiro. Ao mesmo tempo, ela torna *contingente* [*zufällig*, acidental] o sucesso dessa transubstanciação. Mas aqui é preciso examinar o fenômeno em sua forma pura [*rein*] e pressupor, assim, seu curso *normal*. Se, de resto, em geral [*überhaupt*], isto acontece, a mercadoria, assim, não é invendável, ocorre sempre a sua mudança de forma, mesmo se, nessa mudança de forma, a substância – a grandeza de valor – venha a ser *anormalmente* acrescida ou perdida.[61]

Simplificando, poderíamos dizer que temos um discurso puro ou totalizante cujo objeto é da ordem do possível, e um discurso pressuposto ("impuro", uma vez que considera a concorrência, ou pelo menos um desequilíbrio) no qual está presente um contingente pressuposto (possível ~, possível que não).

---

61 W, v.25; K, v.I, p.122; C (L), p.122, grifos meus.

Em um segundo momento, a modalidade se altera. Esse segundo momento compreende aqui a teoria do capital enquanto capital, mas, também, a interversão das relações de apropriação, e ainda, de forma aproximada, o conjunto da dialética exteriorizante. O que caracteriza esse segundo momento modal? Diria que o possível se torna necessário (~ possível ~, não possível que não). E o contingente, *enquanto pressuposto das determinações postas*, se torna impossível (~ possível ~, não possível que não). Mas, com isto, não quero dizer que a contingência desapareça, no plano da concorrência, que agora é a dos capitais. Porém, a relação entre a totalidade e as operações individuais não é a mesma: o todo determina agora, de maneira muito mais estrita, cada operação. Há um determinismo do capital que não estava presente com a mercadoria. Se o possível se torna necessário, no plano da concorrência, o da consideração atomizada das operações, o possível e o contingente subsistem e mesmo se radicalizam. — Observemos que, nesses dois momentos da modalidade, o possível e o necessário permanecem sendo *normais*; o contingente (com seu limite, o impossível) – enquanto modalidade das determinações essenciais – permanece *anormal*. Se houve alterações do primeiro ao segundo momento, as correlações normal: possível-necessário/anormal: contingente--impossível, não se alterou, isto é, continua-se privilegiando o lado das modalidades "positivas".

Um terceiro momento da modalidade é representado pela terceira seção do livro III sobre a lei tendencial da queda da taxa de lucro. Nessa seção, o sistema é apresentado sob forma do movimento móvel. Isto não significa que o discurso se torna histórico: como anteriormente, ele é *histórico* apenas nas ilustrações. Mas ele expõe, agora, o processo que conduz à negação

O capital *e a* Lógica *de Hegel*

do sistema. Essa lógica "temporal" já é, de resto, a do capítulo 23 do livro I, "A lei geral de acumulação capitalista". Mas o negativo é posto (como tendência) só na seção sobre a lei tendencial. De fato, se nos dois desenvolvimentos indicam-se certos momentos cuja negação é "estratégica" para o desencadeamento possível de uma crise (certos temas do primeiro são, de resto, retomados no segundo),[62] é somente na seção sobre a lei tendencial que se põe o negativo, isto é, que se apresenta, se não a corrupção[63] do sistema, pelo menos o *processo* que leva à corrupção dele.

Se no segundo momento da modalidade tinha-se a passagem do possível ao necessário ("o possível é... necessário") e (ainda no plano das determinações essenciais) do contingente ao impossível ("o contingente é... impossível"), aqui, temos a passagem do necessário ao impossível: "o necessário é... impossível". *A necessidade do sistema se interverte na sua impossibilidade* (mas há sempre um possível pressuposto). Preferindo, há aqui um deslocamento do normal ao anormal, que ainda não havia ocorrido. *O anormal se põe, o normal se pressupõe.* A normalidade que habitava o registro do pressuposto vem ocupar o domínio do posto, o do sistema considerado globalmente em si mesmo.

---

62 Sobre esse tema, ver Duménil, *Marx et Keynes face à la crise*, sobretudo os capítulos 8 e 9 da conclusão.

63 Essa "corrupção" *não é* análoga, no plano do futuro, à "assim chamada acumulação primitiva". Se esta última pertence à pré-história do sistema, a primeira não faz parte de sua pós-história, mas de sua história (ela é história descendente de seu *desenvolvimento*). Sobre esse tema, ver *Recherches sur la formation et la portée...*, op. cit., ensaio I, e MLP, v.II, ensaio I.

Completar-se-ia o quadrado lógico da modalidade[64] segundo o seguinte esquema:

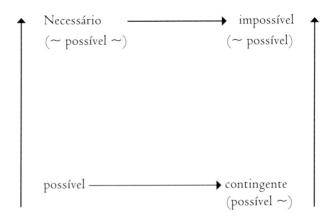

O possível (posto) e o contingente (pressuposto) correspondem à circulação simples. As flechas verticais indicam a passagem ao segundo momento modal, o do necessário e do impossível (os dois, postos). O possível e o contingente permanecem pressupostos no nível da concorrência. As flechas horizontais indicam a passagem do segundo ao terceiro momento da modalidade: o impossível que inclui o contingente é posto, a possibilidade e a necessidade do sistema permanecem pressupostas. Mas pode-se dizer, também, que no terceiro momento da modalidade, tem-se a posição do necessário e do impossível. Só que a anormalidade e a normalidade do sistema se distribuem diferentemente. Se, no segundo momento, o normal era o necessário e o anormal o impossível, agora tem-se a distribuição inversa, é a normalidade que se tornou impossível e a

---

64 Cf. Blanché, *Introduction à la logique contemporaine*, p.83.

anormalidade, necessária, conservando-se como pressupostos, no nível da concorrência, o possível e o contingente.[65]

---

65 *Nota de março de 2019*: Tentando oferecer uma exposição sintética do tema (que não será necessariamente superior à que ofereço no texto primitivo *já corrigido*), podemos distinguir diferentes registros modais na apresentação do capital. Provavelmente, a melhor divisão desses momentos seria: primeiro momento: o capitalismo como circulação simples; segundo momento: todo o desenvolvimento posterior, incluindo o restante do livro I, mais o livro II, e o livro III, com exceção dos capítulos 13 a 15 sobre a "lei tendencial da queda da taxa de lucro". Esses dois capítulos do livro III representariam o terceiro momento da modalidade. A dialética das formas modais através desses três momentos tem o seguinte sentido. Primeiro momento: posição do possível, pressuposição de um oposto desse possível como contingente (possível ~, possível que não). No segundo momento, passa-se do possível ao necessário, o que significa que o oposto das determinações, agora necessárias (~ possível ~, não possível que não), não é mais um contingente, mas um impossível (~ possível, não possível). Entretanto, nesse segundo momento modal, o contingente não só não desaparece, mas é posto sob a forma da concorrência (que aflora como "forma fenomenal" em certos pontos da apresentação). Nesses dois momentos, o possível e o necessário representam o caso *normal* (a contingência só é normal como forma fenomenal), e o impossível, o caso *anormal*. Terceiro momento: tem-se aí uma inversão modal, o que era necessário se torna impossível (e vice-versa), ou, preferindo, o normal se torna anormal e vice-versa. Refiro-me exclusivamente ao que ocorre nos capítulos sobre a lei tendencial (no livro III). Deixo de lado o cap.23 do livro I sobre "a lei geral de acumulação", porque se neste já aparece, sem dúvida, um tempo retilíneo – que coexiste com os ciclos e as circularidades – que é o do aumento da composição orgânica do capital (com suas consequências, exército industrial de reserva e também pauperismo), só no tratamento da lei tendencial é posta realmente o que, para Marx, representa propriamente a contradição interna do sistema e determina pelo menos as condições da

Esse desenvolvimento nos conduz à teoria das crises. Nas *Teorias sobre a mais-valia*,[66] Marx introduz uma espécie de apresentação das crises que começa com a circulação simples, em que se definem as suas condições mais gerais, a possibilidade *abstrata* das crises. Essa possibilidade está inscrita em duas das figuras do dinheiro, o dinheiro como meio de circulação, e o dinheiro como meio de pagamento (o segundo caso depende do primeiro, mas não vice-versa). Porém, se ficarmos por aí, como ocorreu muitas vezes na tradição econômica, perde-se muito. É a produção e a circulação do capital que, repondo esses dois momentos, definem concretamente – passa-se à *possibilidade concreta* – as condições da crise. Entretanto, Marx distingue também vários tipos de crise, e afirma que, para estudá-las em um nível mais concreto, seria necessário introduzir o capital a juro, e também a concorrência entre os capitais. Num texto programático dos *Grundrisse*, o tratamento da crise vem depois do mercado mundial.[67]

A apresentação da lei tendencial conduz também à análise das crises.[68] Porque a valorização do capital é a mola do sistema, a queda tendencial da taxa de lucro (ainda que atenuada

---

sua supressão. Não discuto aqui, entretanto, a questão da verdade dessa tese, questão que, sem dúvida, é essencial. (W, v.25; K, v.I, p.122; C (L), p.122, grifo meu.)

66 Ver principalmente W, v.26, p.2; Marx, *Theorien über den Mehrwert*, v.II, p.492-525; id., *Théories sur la plus-value*, v.II, p.587-625.

67 Ver G, p.175; G (L), v.I, p.204: "enfim o mercado mundial. Invasão (*Übergreifen*) do Estado pela sociedade civil-burguesa. As crises [...]".

68 *Nota de março de 2019*: Numa das passagens das *Teorias...* em que se trata da crise, há referência à queda da taxa de lucro – ver Marx; Engels, W, v.26, 2; Marx, *Théorien über den Mehrwert*, v.II, p.516-7; id., *Théories sur la plus-value*, op. cit, p.614-5 –, mas isso não parece ser a

por circunstâncias que se lhe contrapõem, e "compensada" pelo aumento da *massa* de lucro) leva a situações (e, aparentemente, também a uma situação-limite, pelo menos relativamente) em que o sistema conhece perturbações, paralisações e crises. Na crise, o sistema "vai ao fundo" (*geht zugrunde*), provisória ou definitivamente. E se a queda é somente provisória, é porque ele recai no seu fundamento (*Grund*). O retorno ao fundamento impede que ele "vá ao fundo". Haveria, portanto, um momento – sem dúvida efetivável somente pela *necessidade do acidente*, cujas condições gerais ("concretas") são dadas nos dois textos indicados – no qual esse retorno seria impossível. A necessidade torna-se, então, impossibilidade, pelo menos virtual. O necessário é... impossível. O objeto e sua apresentação se deslocam uma segunda vez no quadrado lógico da modalidade.

Que representam as crises? Sob a forma mais abstrata, Marx as apresenta como uma oposição entre a autonomia externa e a não autonomia interna.[69] Quando a primeira atinge um certo ponto, a segunda se faz valer de maneira violenta. Esse segun-

---

regra. No presente livro, abstenho-me de discutir a fundo a teoria das crises, questão que, como a da suposta lei tendencial (à qual é conexa), é entretanto essencial.

69 Ver W, v.23; K, v.I, p.127; C (L), p.129: "Que os processos que se encontram face a face de maneira autônoma [*selbständige*] constituem uma unidade interna, significa também que a unidade interna deles se move em oposições externas. Quando a autonomização [*Verselbständigen*] externa de [determinações] não autônomas [*Unselbständige*] interiormente, pois se completando mutuamente, atinge certo ponto, essa unidade se faz valer de maneira violenta por uma crise". Observo que a autonomia de que se trata aqui não é simplesmente a autonomia essencial (a que caracteriza a essência). Ela é, aqui, a pura autonomia, a *hybris* da autonomia essencial.

do movimento representa a crise. No mesmo registro, Marx exprime a crise, ainda em termos abstratos, no quadro de *uma dialética da memória e do esquecimento*. Cada momento memoriza os outros e o conjunto do sistema, mas essa memorização é sempre afetada pelo esquecimento. É a memória "suprimida" pelo esquecimento que caracteriza as condições normais. Quando a memória "suprimida" torna-se memória simplesmente suprimida, isto é, quando a memória-esquecimento torna-se esquecimento abstrato, a crise sobrevém.[70] O restabelecimento da situação normal se faz inicialmente por uma *primeira* negação, a qual representa uma posição *pura e simples* da *memória* do *polo oposto*. Somente em um terceiro momento se restabelece a memória-esquecimento (a memória afetada pelo esquecimento), que em termos gerais representa a situação normal para os dois polos. *A crise é, assim, o brusco restabelecimento da memória do sistema.*

Os momentos que se autonomizam são os atos de compra e venda. Eles se autonomizam em relação à cadeia global de operações. A autonomia poderia ser pensada também como uma autonomia da mercadoria em relação ao dinheiro. Nesse sentido, as determinações em jogo não seriam atos de compra e venda, mas a mercadoria e o dinheiro. De todo modo, tem-se aqui, em primeiro lugar, a dialética das determinações da reflexão da lógica da essência: a identidade, a diferença e a contradição. Cada determinação do sistema é igual a ela mesma, mas é também di-

---

70 Ver G, p.319; G (L), v.I, p.355-6. A propósito da dialética da memória e do esquecimento, ver meu texto "Dialetique marxiste, historicisme, anti-historicisme", em *Recherches sur la formation et la portée...*, op. cit.; publicada parcialmente em Dascal (org.), *Conhecimento, linguagem, ideologia*. Hoje, em MLP, v.III.

ferente dela. A identidade passa na diferença, mais precisamente, se põe na diferença. Ou, a identidade é diferente da diferença, mas por isto mesmo é… diferença. Essa diferença… da diferença e da não diferença corresponde à identidade da identidade e da não identidade. Mas a identidade como unidade dela mesma e da diferença vem a se *fixar* no momento da identidade. Essa fixação da identidade, que corresponde também a uma fixação da diferença (cada uma das duas determinações torna-se idêntica a si mesma), opera a passagem da diferença – como relação interna entre a identidade e a diferença – para a diversidade ou indiferença. A diversidade é o momento da reflexão exterior, da exteriorização da relação que era interior no primeiro momento, o qual correspondia à reflexão que põe (*setzende Reflexion*). Os momentos da diversidade serão a igualdade e a desigualdade como exteriorização da identidade e da diferença. *É o entendimento que emerge no interior da razão dialética*, entendimento que instaura uma espécie de retorno ao ser, pois identidade e diferença como tais re-põem, de certo modo, a diferença – homóloga, no registro da lógica do ser – entre o mesmo e o outro, a ipseidade e a alteridade. O primeiro momento reemergirá, com uma dialética interior que vai na direção da reflexão exterior, e a *oposição* será a unidade da identidade (ou da diferença, se esses momentos forem tomados como momentos totais) e da diversidade. A contradição será a unidade dessas mesmas determinações, mas unidade que se porá quando os diversos terão se tornado autônomos (isto é, quando eles terão incorporado a totalidade: trata-se aqui da autonomia essencial) sob a forma do positivo e do negativo. A contradição é, portanto, a unidade da identidade interna desses opostos e da diversidade deles, unidade na qual os momentos se prolongam e se invertem, pois cada polo contém seu outro; e o movimento da diversificação é, em um só movimento, o restabelecimento da unidade dos diferentes e vice-versa (pois cada um contém em-si mesmo o seu outro).[71]

---

71 Resumo, neste desenvolvimento, o núcleo do capítulo II da primeira seção da lógica da essência (WL, v.II, p.23-62, sobretudo p.32-49, respectivamente, L, v.II, p.34-87, e p.38-70), "As essencialidades ou as determinações da reflexão". Cito o resultado desse movimento: "A diferença [*Unterschied*] em geral contém seus dois lados como *momentos*: na *diversidade* [*Verschiedenheit*] eles caem, *indiferentes* [*gleichgültig*], um fora do outro; na *oposição* [*Gegensatz*] enquanto tal, eles são lados da diferença, são determinados um somente pelo outro, logo [são] apenas momentos; mas eles são igualmente determinados em si mesmos, indiferentes um face do outro e se excluindo mutuamente; [são] as *determinações-de-reflexão autônomas* [...]. Enquanto a determinação-de-reflexão autônoma, na mesma perspectiva em que ela contém o outro e por isso é autônoma, exclui o outro, ela exclui de si na sua autonomia sua própria autonomia; pois esta consiste em conter, em si, a determinação [que é] outra [em relação] a ela, e só através disso não estar em relação com alguma coisa de exterior – mas também, imediatamente, em ser ela mesma e excluir de si a determinação que é negativa [em relação] a ela. Ela é, assim, *contradição*" (WL, v.II, p.48-9; L, v.II, p.69-79, grifos de Hegel). Comparemos esse texto com uma passagem de Marx, *Teorias sobre a mais-valia*, a propósito da crise: "Se, por exemplo, a compra e a venda – ou o movimento da metamorfose da mercadoria – representam a unidade de dois processos, ou melhor, o desenvolvimento do mesmo processo que passa por duas fases opostas, e assim, essencialmente, a unidade dessas duas fases, [esse movimento] é também essencialmente a separação entre as duas fases e sua autonomização recíproca. Ora, como elas pertencem uma à outra [*zusammengehören*], a autonomização dos momentos que se pertencem só pode *aparecer* como violência, como processo destruidor. É justamente na *crise* que a unidade deles se afirma [*betätigt*], a unidade dos diferentes. A autonomia que adquirem um em face do outro, os dois momentos que se pertencem e se completam, um

O capital *e a* Lógica *de Hegel*

A identidade e a diferença representam a memória ou, antes, a *memória-esquecimento* do sistema. A diversidade e a indiferença representam o esquecimento (ou antes, o *esquecimento abstrato*) do sistema.

O bloqueio tem como origem a *hybris* de um momento, pode-se dizer, o da mercadoria, o qual quer se libertar de sua dependência em relação ao momento oposto. Essa *hybris* tem como resultado uma passagem brutal ao polo oposto. Só o dinheiro vale. Passa-se, assim, por um movimento violento, da mercadoria ao dinheiro. Tem-se um tipo de *Ersatz* violento do devir da mercadoria, pois esta não pode se realizar como devir não violento. Esse devir violento corresponde à lógica do ser: de fato, na lógica do ser, cada determinação se apresenta como independente, mas trata-se de uma falsa independência e não de uma verdadeira autonomia. Por isso, cada uma delas é submetida ao devir, de onde resulta a constituição do seu oposto. No caso da

---

em relação ao outro, é violentamente aniquilada. A crise manifesta [*manifestiert*], portanto, a unidade dos momentos autonomizados um em relação ao outro. Não haveria crise sem essa unidade interna de elementos, aparentemente indiferentes, um em relação ao outro" (W, v.26, II; *Theorien uber den Mehrwert*, v.II, op. cit., p.501; *Théories sur la plus value*, op. cit., v.II, p.597, grifos meus). Observo que "autonomia" significa, em geral, nesse texto de Marx, "diversidade", "indiferença", e não, como já indiquei, simples autonomia essencial. Mas pode-se observar que, no momento da contradição, tudo se passa como se os dois sentidos de "autonomia" estivessem presentes: a autonomia enquanto indiferença em face do outro *é* a autonomia como negação interior do outro e, portanto, como relação à totalidade. Os dois sentidos se tocam e se chocam. O texto de Hegel citado diz: "a determinação-de-reflexão autônoma […] exclui de si, na sua autonomia, sua própria autonomia".

mercadoria, essa negação violenta pode ir até a destruição material da mercadoria (pura negação abstrata). Como já vimos, essa primeira negação é, por sua vez, negada. Põe-se novamente a mercadoria. As mercadorias dessa espécie são novamente vendidas, com o que a situação normal se restabelece. *A crise é, assim, um devir forçado que se introduz por falta de um devir "normal", o qual é, ele mesmo, impossível pela autonomização dos momentos do devir.* É como se, no momento das crises, o devir "suprimido", que caracteriza o registro da essência, fosse ele mesmo "suprimido" e, portanto, posto como devir atual. O movimento final restabelece o devir "suprimido" que caracteriza logicamente a essência; esse devir é a marca da normalidade do sistema.

Essa descrição da crise supõe o capital, uma vez que, nesse contexto, não há crise sem capital. Mas não se mencionou explicitamente o capital [a omissão, no caso, não tem nenhuma significação lógica mais profunda]. Em primeiro lugar, seria preciso acrescentar, assim, sem sair do nível geral da análise anterior, que é o capital enquanto "impulsão" objetiva no sentido de valorização que conduz à autonomização de um momento e à crise (a autonomização pode acontecer sem capital, mas não é necessário que ela aconteça, e suas consequências têm um outro alcance). O devir que será objeto de um bloqueio não é mais o devir "externo" que representa a troca de mercadorias, mas o devir-Sujeito que representa o movimento do capital. A paralisia do devir é, portanto, *a queda da lógica do conceito na lógica do ser* (o movimento do devir se fixa como *Dasein*). A crise é propriamente *a hybris do capital em face das suas condições*. Enquanto não se *põe* o capital como capital (mesmo se ele deve ser pressuposto, como é sempre o caso na teoria da circulação simples), têm-se as determinações mercadoria e dinheiro, sendo o dinheiro o limite da mercadoria. Quando se introduz o capital como capital, os termos são o capital enquanto pura impulsão objetiva de valorização e suas condições (não somente de realização no sentido estrito, mas também de efetivação em geral).[72] Temos agora, como determinações, de um lado, o capital, e de outro, seus *limites*. É entre essas determinações que se estabelece, agora, a dialética da *diferença* e da *indiferença*, que vimos anteriormente. O que significa isto? É necessário citar *in extenso* este importante texto dos *Grundrisse*, no qual se opõe a tendência do capital a um desenvolvimento absoluto e suas condições *que não são absolutas*:

> Estes limites [*Grenzen*] imanentes devem coincidir com a natureza do capital, com suas determinações conceituais essenciais. Estes limites [*limits* (em inglês, no original)] necessários são:
>
> 1) o trabalho necessário como limite [*Grenze*] do valor de troca da força de trabalho vivo ou do salário da população industrial;
> 2) a mais-valia como limite [*Grenze*] do tempo excedente de trabalho e, em relação ao tempo excedente relativo, como obstáculo [*Schranke*] ao desenvolvimento das forças produtivas;
> 3) o que é a mesma coisa, a transformação em dinheiro, o valor de troca simplesmente como limite da produção; ou ainda a troca fundada sobre o valor ou o valor fundado sobre a troca como limite da produção. Ou seja:

---

72 Para a crítica das teorias da crise em termos de realização, ver Duménil, *Marx et Keynes face à la crise*, op. cit.; e, de um ponto de vista diferente, Mattick, *Crise et théorie des crises*, assim como Grossmann, *Das Akkumulations und zusammenbruchsgesetz des kapitalistischen Systems*, tradução espanhola *La ley de acumulacion y del derrumbe del sistema capitalista*.

4) a mesma coisa ainda enquanto limitação [*Beschränkung*] da produção do valor de uso pelo valor de troca; ou ainda o fato de que a riqueza real [*reale*] deve, para tornar-se um objeto da produção, tomar uma forma determinada diferente dela mesma, e, portanto, absolutamente não idêntica a ela.

Por outro lado, resulta da tendência geral do capital – o mesmo fenômeno se manifestava na circulação simples quando o dinheiro aparecia, enquanto meio de circulação, como simplesmente evanescente, sem necessidade autônoma e, portanto, não como limite e obstáculo – que ele esquece [*vergisst*] e faz abstração:

1) do trabalho necessário enquanto limite do valor de troca da força de trabalho vivo;

2) da mais-valia enquanto limite do sobretrabalho e do desenvolvimento das forças produtivas;

3) do dinheiro enquanto limite da produção;

4) da limitação pelo valor de troca da produção do valor de uso. *Hinc*, a sobreprodução: isto é, a *súbita lembrança* [*plötzliche Erinnerung*] de todos esses momentos necessários da produção fundada sobre o capital; por isso a desvalorização geral em consequência do *esquecimento* deles.[73]

Vemos que os termos são, por um lado, *a tendência geral do capital* (a um desenvolvimento absoluto) e, por outro, suas condições. (Marx compara essa oposição com a que existe entre mercadoria/dinheiro no plano da circulação simples.) Opõe-se assim um infinito absoluto a um infinito que contém o finito. Apesar das aparências, opõe-se, na realidade, uma espécie de mau infinito a um bom infinito. O primeiro quer se libertar, *de forma* absoluta, da finitude e por isso cai na finitude. O último "suprime" a finitude, e por isso a domina. Também se poderia

---

73 G, p.318-9; G (L), v.I, p.355-6, grifos meus.

O capital *e a* Lógica *de Hegel*

dizer que aquele mau infinito é um dos lados do capital, a saber, a tendência a um desenvolvimento absoluto. Em circunstâncias normais, esse infinito é ao mesmo tempo idêntico e diferente em relação ao bom infinito, isto é, à sua infinitude que domina o finito; mas, no momento da crise, ele passa à *diversidade* e se põe como *indiferente diante* do outro infinito. Mas, como ele é *interiormente* diferente (identidade e diferença são totalidades que se contêm reciprocamente), a contradição se instaura. Na linguagem da *Lógica*, a infinitude do capital se pretende totalidade, isto é, pretende dominar a finitude, mas sem negação (ou se autonomizar como um todo), mas ela é ao mesmo tempo a "negação" da finitude. Nisto ela se contradiz, ela se nega a si mesma. A diferença-identidade deve ser restabelecida. *Vê-se que aquilo que o capital esquece é a sua finitude, assim como a mercadoria esquecia o dinheiro.* A crise é a *memória dessa finitude*, que se restabelece violentamente. Mais precisamente, ela é a posição abstrata da finitude, momento segundo entre a autonomia da pura infinitude que precede a crise e o restabelecimento da memória negativa do infinito e do finito.

A oposição entre a infinitude e a finitude do capital pode ser pensada como oposição entre o capital enquanto movimento que visa à valorização e o tempo, em particular, o tempo de circulação enquanto obstáculo erigido contra esse fim. As determinações opostas são, assim, o movimento e o tempo. O que, na filosofia antiga, era o número do movimento, torna-se aqui o *limite* do movimento. O capital portador de juros permite reduzir o tempo de circulação ao eliminar a necessidade de esperar a venda de mercadoria, para que a compra dos elementos do capital possa se efetuar de novo. O capital portador de juros permite ao capital ultrapassar seus limites, em certa medida, vencer o tempo. Nesse sentido, a forma do

113

capital portador de juros está a serviço da *hybris* do capital. Ele é puro movimento do capital enquanto mercadoria, quer sua forma seja mercadoria ou dinheiro; ele é o puro movimento, como algo que pode ser adquirido no mercado. Mas essa *hybris*, enquanto ultrapassagem dos limites do tempo, que o capital, no entanto, não pode ultrapassar em termos absolutos – ele não pode atingir uma velocidade infinita –, tem, ou pode ter, como consequência, uma *dependência* em relação ao tempo. *O esquecimento do tempo se interverte em dependência em relação a ele*: na necessidade de pagar "a tempo", quando o prazo do contrato expira. Assim como, no caso do dinheiro, uma vez vencido o termo, salvo compensação, o dinheiro se põe como meio de pagamento, aqui, o *capital* se põe, se o prazo para sua devolução expira; ou põe-se o "preço" irracional do capital quando expira o prazo para o pagamento dos juros. Se considerarmos o capital nas suas figuras de capital portador de juros e de capital industrial – este, como capital na produção e na circulação; o capital comercial existe apenas na circulação –, ele revela uma analogia com os três momentos do dinheiro. Com a diferença de que o capital é, ele mesmo, movimento. Mas, nos dois casos, o segundo momento é o da fluidez: o capital na circulação e o dinheiro como meio de circulação. O terceiro momento, por um lado radicaliza ao extremo essa fluidez: o meio de pagamento[74] compensado, pelo dinheiro, ou o capital

---

74 O meio de pagamento é, na realidade, o segundo submomento da terceira figura do dinheiro. Esse segundo submomento da terceira forma tem algo em comum com o segundo momento. Os momentos "segundos" representam sempre a reflexão exterior, a exteriorização da relação, que é, ao mesmo tempo, mais ou menos, uma alienação de seu conceito.

portador de juros pelo capital. No entanto, ele representa, ao mesmo tempo, a forma cristalizada da determinação: o meio de pagamento quando não há compensação, no vencimento do prazo, idem para o capital portador de juros.

***

Essa *hybris* (pensada como *hybris* da mercadoria, sob o capital, ou como *hybris* do capital enquanto capital), em oposição à cristalização de um momento oposto (o dinheiro ou a finitude do sistema), nos reconduz à dialética da *Aufklärung* e da "superstição". A pura fluidez do sistema, isto é, o movimento do capital como movimento absoluto é o momento *aufklärer*. O bloqueio que lhe sucede é a posição do momento *pré-clássico*. A crise aparece, assim, como a alternância da *Aufklärung* e da "superstição":

> Essa contradição (a do dinheiro enquanto meio de pagamento) emerge nesse momento das crises de produção e de comércio, conhecidas como crise monetária [*Geldkrise*]. Ela se produz somente quando está totalmente desenvolvido o processo de encadeamento [*prozessierende Kette*] dos pagamentos, bem como um sistema artificial que se destina à sua regulamentação. Quando esse mecanismo, por uma razão qualquer, se perturba de um modo mais ou menos generalizado, *o dinheiro se interverte* [*umschlagen*] *abruptamente e sem mediação*: [ele abandona] a figura somente ideal da moeda de conta e converte-se em dinheiro vivo [*hartes Geld*]. Ele não pode ser mais substituído por mercadorias profanas. O valor de uso da mercadoria torna-se sem valor, e seu valor

desaparece diante da própria forma do valor do dinheiro. *Há pouco, o burguês ainda declarava, com presunção iluminista ébria de prosperidade [in prosperitätstrunknem Aufklärungsdunkel], que o dinheiro era uma pura ilusão [leerer Wahn]. Somente a mercadoria é dinheiro. Somente o dinheiro é mercadoria, ressoa agora no mercado mundial. Sua alma grita por dinheiro, a única riqueza, assim como o cervo brama por água fresca.* Na crise, a oposição entre a mercadoria e sua figura de valor, o dinheiro, exacerba-se até a *contradição absoluta.* É por isso que a forma fenomenal do dinheiro é, aqui, indiferente. A fome de dinheiro [*Geldhungernot*] continua a mesma, quer se tenha de pagar em ouro, em dinheiro creditício ou em notas bancárias, por exemplo.[75]

E, na *Contribuição à crítica da economia política*, lê-se (texto citado em nota na mesma passagem do *capital*): "*A brusca interversão do sistema de crédito em sistema monetário* acresce o terror teórico ao pânico prático: e os agentes da circulação tremem diante do mistério impenetrável de suas próprias relações".[76]

Aqui, a oposição mercadoria/dinheiro aparece como expressão das oposições internas do capital. A crise conduz, assim, da *Aufklärung* à *superstição*, da suposição de que somente a mercadoria é riqueza (o dinheiro é... mercadoria ou a *mercadoria* é dinheiro) à suposição inversa segundo a qual somente o dinheiro é riqueza (a mercadoria é... dinheiro ou o *dinheiro* é mercadoria). Essa oposição é também a [que existe] entre o sistema moderno de crédito e o sistema monetário *pré-clássico*. Uma vez mais, diga-se de passagem, a determinação social do pensamento não

---

75 W, v.23; K, v.I, p.152; C (L), p.155-6, grifos meus.
76 W, v.13, p.123; *Contr.*, p.109, grifos meus.

se situa no sistema de interesses: ela tem um sentido *imediato*.[77] *É o objeto, ele próprio, que se faz Aufklärer ou mercantilista.* O texto original é o objeto. Os agentes práticos e os economistas teóricos apenas exprimem ou reproduzem aquilo que diz o objeto.[78] A crise é o desequilíbrio na – ou da – "pulsação" do sistema. E a história do pensamento econômico aparece como "reflexo" desse desequilíbrio. Mas, aqui, é o pensamento que se desequilibra diante do seu objeto: *esse desequilíbrio define a ideologia ou a acientificidade.* No entanto, se ele pode ocorrer é porque o objeto contém dois polos. Por outro lado, se a crise restabelece o equilíbrio do sistema, ela aparece como a *crítica* do convencionalismo e do fetichismo. O sistema faz objetivamente a crítica da economia *aufklärer* e da economia supersticiosa (que, de resto, *não se equivalem* em termos de cientificidade), através de um movimento que, até a estabilização dos extremos, é antinômico. Ele fetichiza e, assim, critica o convencionalismo; ele "convencionaliza" e, desse modo, critica o fetichismo. Mas, cada

---

77 O caráter arbitrário e a banalidade de um certo tipo de leitura marxista da história do pensamento podem nascer, paradoxalmente, da pesquisa das mediações; ou melhor, do fato de que, às vezes, as mediações são a contrapartida da ausência da análise "estrutural". Caindo no histórico e no psicológico, a explicação pelas "mediações" torna-se então um alvo fácil para a crítica estruturalista.

78 A *crítica* diz, também, o que diz o objeto. Só que, lá onde o sistema esquece abstratamente, ela "memoriza" (ou "esquece", mas enquanto esquecimento-memória) e põe o esquecimento abstrato como simples momento do objeto; e lá onde o sistema memoriza abstratamente (na primeira negação, memória *posta* do polo oposto), a crítica "esquece" (ou "memoriza", mas enquanto memória--esquecimento) e põe a memória abstrata – que é esquecimento do outro polo – como simples momento do objeto.

uma dessas "críticas" é, evidentemente, ela mesma, [isolada da outra] obscurecimento. E uma vez restabelecido o equilíbrio, os dois momentos e suas articulações não são transparentes. É a crítica que revela o movimento que vai de um extremo ao outro, e que dá a inteligibilidade dos extremos, eles mesmos.

7 – *O capital* e a *Lógica* de Hegel

Em um texto anterior,[79] tentei definir a diferença entre a dialética marxista e a dialética hegeliana, a partir da relação que cada uma tem para com o entendimento. Contra a imputação usual de dogmatismo dirigida à dialética hegeliana, bons intérpretes de Hegel insistiram no fato de que a dialética hegeliana deixa intacto o discurso da ciência positiva (isto é, o discurso do entendimento). À ciência positiva, Hegel acrescenta um discurso dialético que, para além do discurso da *Lógica*, é o de uma ciência *filosófica* real. Assim, o discurso dialético não coloca em questão a legitimidade do discurso do entendimento, nem pretende, em geral, rivalizar com ele. Dessa forma, ele não é dogmático. Tentei mostrar que, se isto é verdadeiro (e sublinhei *"verdadeiro de direito"*, pois, *na verdade*, Hegel não é sempre fiel a essa exigência; ver certos aspectos de sua relação com a ciência newtoniana), esse antidogmatismo tem um preço. Se separar (relativamente) a razão dialética do discurso do entendimento protege este último contra eventuais usurpações da primeira, essa separação implica, ao mesmo tempo, a ideia

---

79 Ver "Pressuposição e posição: dialética e significações 'obscuras'", em *Recherches sur la formation et la portée...*, op. cit.; MLP, v.II, parte II, ensaio 2.

O capital *e a* Lógica *de Hegel*

de uma dialética que, a rigor, *não presta contas ao entendimento.* E é assim. Mesmo se é positiva a atitude geral de Hegel diante do entendimento, e ainda que ele suponha uma relação de descontinuidade-continuidade entre a razão dialética e o entendimento. Dito de outra forma, *o antidogmatismo de Hegel corre o risco de se interverter em dogmatismo.* Inversamente, a dialética de Marx se apresenta como dogmática, no sentido de que ela transgride, de fato e de direito, o domínio do entendimento. De fato, a crítica da economia política não se apresenta como um discurso exterior ou paralelo ao de Smith ou ao de Ricardo, à maneira dos textos sobre a economia política da *Filosofia do direito,* que deixam efetivamente intacto o campo da economia política como ciência positiva. A crítica marxiana da economia política *concorre* com Smith e Ricardo: ela *invade* o domínio deles.[80] *O capital* pretende substituir *A riqueza das nações* e os *Princípios...,* pelo menos em seus capítulos fundamentais. Mas esse dogmatismo tem suas vantagens. Se o antidogmatismo hegeliano se interverte em dogmatismo, *o dogmatismo marxiano se interverte em antidogmatismo.* De fato, se essa atitude teórica *pode* resultar numa dogmatização pseudodialética do discurso dialético da ciência crítica, ela também pode resultar numa abertura efetiva da dialética ao entendimento. Isto significa que, nessas condições, o entendimento (ou, preferindo, o objeto enquanto objeto do entendimento) tem a palavra *no próprio texto da dialética* e, se necessário – acrescento – *contra a dialética.* Dito de outro

---

80 Marx escreve, em uma carta, que seu trabalho é, ao mesmo tempo, "a apresentação do sistema (da economia burguesa) e, através disso, a apresentação da crítica do sistema" (W, v.29, p.550; Cartas de Marx a Lassale, 22 fev. 1858; *Lettres sur le Capital,* p.85, carta 29).

modo, a transgressão do campo do entendimento pela dialética pode implicar não uma dogmatização da ciência positiva (crítica), mas uma limitação da dialética pelo entendimento.[81] Isto é: na sua versão marxiana, *se a dialética transgride o domínio do entendimento, o entendimento invade, por sua vez, o domínio que seria o da dialética*. Marx não deve menos a Ricardo e a Smith do que a Hegel, ainda que isto não seja imediatamente visível... para os filósofos. A minha análise se completava pela comparação entre a atitude de Marx para com a economia política e a de Hegel diante da lógica; e também pela comparação entre a posição de Hegel em relação à economia política e a de Kant em face da lógica. Kant acrescenta uma lógica transcendental a uma lógica formal que ele deixa intacta. Hegel acrescenta uma ciência filosófica real à economia política de Ricardo e Smith, que ele deixa intacta. Mas Hegel reconstrói, a sua maneira, a lógica, assim como Marx reconstrói a economia política. Considero essa análise como uma resposta relativamente nova ao problema, apesar de sua aparência de resposta tradicional. No entanto, não se pode parar por aqui. A tese estabelece uma relação de alguma forma externa – é nisso que reside sua originalidade – entre o entendimento e a razão (a relação entre eles acaba por ser interna, mas tem como ponto de partida uma relação externa). Mas há também relações propriamente internas que é preciso desenvolver. Por outro lado, o problema não se esgota com a questão da dualidade entendimento/razão.

---

81 "Aqui se mostra de uma maneira determinada como a forma dialética da apresentação é correta somente quando ela conhece seus *limites* [*Grenzen*]" (G, p.945, versão primitiva da *Contribuição*...; p.253, grifo meu).

O capital *e a* Lógica *de Hegel*

A originalidade da relação interna que a dialética de Marx estabelece entre o entendimento e a razão é visível, primeiro no ponto de chegada daquilo que chamo "dialética interiorizante", no momento de interversão das relações de apropriação que revela o que os *Grundrisse* chamam de *Hintergrund* do sistema.[82]

_____

82 *Nota de março de 2019*: Ver G, p.409; G (L), p.448; texto citado na nota 8, deste capítulo. Há aí explicitamente uma passagem do que se tornou pura aparência ao conteúdo (*Inhalt*) (ver W, v.23; K, v.I, p.609). Compare-se com a queda do valor de troca no valor, tal como é descrita na seção I (ibid., p.51). Há, entretanto, uma diferença entre os dois casos que é mais do que uma nuance sintomática. Na seção I, o termo que designa o ponto de chegada da "redução" (pois se trata disso) não era *Inhalt* (conteúdo), mas *Gehalt* (literalmente "teor", "elemento constitutivo"). De resto, se na seção I, o ponto de partida é uma "forma fenomenal" (*Erscheinungsform*), na seção VII trata-se de *Schein* (aparência). A operação liga dualidades diferentes, aproximadamente às que são apresentadas na lógica da essência como, de um lado, forma à matéria (também, em parte, forma e essência), e, de outro, forma e conteúdo. É a passagem ao conteúdo que descrevi como movimento em direção ao *Hintergrund*, o conteúdo mais profundo. – Mais importante do que isto é comparar a relação entre aparência e fundamento, tal como ocorre no segundo momento estrutural, o da produção do capital enquanto produção do capital, e tal como se lê no momento da acumulação e da interversão. No caso, dada a emergência do capital como sujeito, o fundamento se constitui antes como *Grundlage* do que como *Grund*. Nesse sentido, em vez de distinguir *Grund* (ou antes *Grundlage*) e *Hintergrund*, seria possível distinguir as duas passagens, acompanhando menos aquele texto dos *Grundrisse* do que as determinações presentes em *O capital* e também na *Lógica*, pela distinção entre *Grundlage* e *Grund*. A interpretação lógica que dei à interversão das leis da apropriação, acentuando o texto dos *Grundrisse*, reúne a ideia de inversão e a de queda no fundamento. Um pouco como se o *Umschlagen* fosse (aqui, pelo menos) uma espécie de síntese do "converter" (*Verkhren*) e do "ir ao fundo e ao fundamento" (*zugrunde gehen e gehen zum Grunde*). Essa leitura se serve da analogia com o texto da seção I, mas se funda no

Esse momento não representa somente o desenvolvimento e a crítica da economia *aufklärer*: ele representa, ao mesmo tempo, um *desenvolvimento que parece ultrapassar os limites da lógica de Hegel*. À primeira vista, isso não seria verdade. Na sua primeira parte, o desenvolvimento do tema da interversão fica nos limites do que há em comum com a dialética de Hegel. A interversão enquanto movimento lógico se encontra, evidentemente, em Hegel.[83]

---

fato de, em Hegel, haver a passagem da aparência a um conteúdo, e o movimento de fundado a fundante. Sem dúvida, há aqui algo um pouco especial: o fundado, que já era "fenômeno", passa a "aparência", e dele nos deslocamos para o conteúdo fundante. Reúne-se uma redução a uma passagem ao fundamento.

83 A interversão pode ser considerada como uma das formas da *Aufhebung*. Ver a esse respeito MLP, v.I e SL, ensaio I. – O termo que traduzi por "interversão" é o verbo *Umschlagen*. Ele é traduzido por Bernard Bourgeois e também por Jean Hyppolite (na sua antiga versão francesa da *Fenomenologia do espírito*) por *renversement*. Labarrière e Jarczyk traduzem *umschlagen* por *basculer, se convertir en*, ou ainda *se retourner*. O termo *renversement* é reservado por eles para *Verkehrung*. Mas Bourgeois e Hyppolite, que fazem de *renversement* a tradução de *Umschlagen*, utilizam a palavra também para verter *Verkehrung*. (Ver os apêndices finais às respectivas traduções da *Lógica* e da *Fenomenologia*, ou de uma dessas obras. Ficam aqui essas indicações; não entrarei em mais detalhes.) – O termo *Hintergrund* se encontra tanto na *Lógica* como na *Fenomenologia*, mas só nessa última tem um sentido técnico preciso. O termo aparece no capítulo sobre "Força e entendimento..." (ver Hegel, *Phänomenologie des Geistes*, abreviarei por Ph. G., p.110; *La Phénoménologie de l'esprit*, abreviarei por Phén., p.184). Tanto Labarrière e Jarczyk como Bourgeois o traduzem por *arrière-fond*, Hyppolite o verte por *fond*: "Esta essência verdadeira das coisas é, agora, determinada de tal maneira que ela não é imediatamente para a consciência, mas que esta última tem uma relação mediata com o interior, e como entendimento, através deste meio-termo do jogo de forças, enxerga o verdadeiro fundo [*arrière-fond*] [*Hintergrund*] das coisas" (Ph. G.,

O capital *e a* Lógica *de Hegel*

Mas é preciso ver em que contexto se encontra a interversão em Marx. Em primeiro lugar, trata-se de um momento posterior à

---

p.110; Phén., p.183-5). "Vemos que, no interior do fenômeno, o entendimento não faz, na realidade, a experiência de outra coisa do que do próprio fenômeno, entretanto não deste enquanto jogo de forças, mas desse jogo de forças nos seus momentos absolutamente universais [*absolut-allgemeinen*] e no movimento desses últimos, e que, na realidade, ele não faz a experiência senão de *si mesmo*. Elevada acima da percepção, a consciência se apresenta encadeada ao suprassensível, através do termo médio do fenômeno, por meio do qual ela olha [*shaut*] nesse *fundo* [*Hintergrund*]. Ora, os dois extremos, o do interior puro e o do interior que olha nesse interior vêm a coincidir, e, assim como eles, enquanto extremos, também o termo médio como diferente deles, desaparece" (Ph. G., p.128; Phén., p.205; trad. B. Bourgeois, p.189-90, grifos meus). Trata-se da dialética do interior (*das Innere*) que começa pelo mundo suprassensível, termina pelo mundo invertido (*die verkehrte Welt*) e conduz à infinitude. Há, certamente, elementos comuns entre esse movimento e o da interversão das relações de apropriação em Marx, sobretudo o conceito de *Hintergrund*, que designa um fundo que vai não somente além do fenômeno, mas também da própria lei. Como se sabe, esse fundo se apresenta como se fosse a coisa em si, mas é a própria consciência (de si) que está por detrás da cortina (ver Ph. G., p.112; Phén., p.186-7; e Ph. G., p.129; Phén., p.205-6; ver também Hyppolite, *Genèse et structure de la* Phénoménologie de l'esprit *de Hegel*, cap.III, sobretudo p.122 ss.). Entretanto, os dois textos são muito diferentes. Deixando de lado outras diferenças (por exemplo, o fato de que na *Fenomenologia* trata-se de uma dialética da consciência, mas, como já indiquei, na passagem correspondente de *O capital*, a consciência se põe, em certo sentido), poder-se-ia dizer o seguinte: no texto da *Fenomenologia*, o finito se resolve em infinito, o entendimento finito em entendimento infinito (consciência de si). No texto de Marx tem-se outra coisa, em certo sentido o contrário: o movimento infinito do capital aflora junto com uma outra determinação da qual é inseparável (trabalho) e da qual se alimenta, o que afinal mostra a finitude daquele infinito.

123

lógica do conceito (sendo o capital o conceito), *uma meta lógica do conceito*. Já em Hegel, a lógica do conceito constitui o limite da lógica. A interversão põe as *classes* enquanto totalidades em inércia. Marx afirma explicitamente que, até, então, isso não ocorria, o que significa que o movimento do capital se revela exploração de uma classe por outra. Porém, atenção. Se os protagonistas são o "capital" e o "trabalho", encontramos também "capitalista" e "trabalhador". Estes últimos termos, que indicavam até aqui realidades individuais, são simplesmente expressões que representam as respectivas classes? Aparentemente, não só. Mesmo se isso é mais evidente nos *Grundrisse* do que em *O capital*, o momento de interversão não indica apenas a realidade mais profunda do sistema, mas também nos conduz, de algum modo, e não paradoxalmente pelo menos ao limiar do *vivido*, da experiência vivida do trabalhador. Nesse sentido, as expressões "capitalista", e sobretudo "trabalhador", têm aqui (sobretudo nos textos dos *Grundrisse*) um papel essencial. É a expressão "trabalhador" (e não "classe trabalhadora ou operária") que conduz à temática, que gira em torno de noções como "desrealização", "exteriorização de vida" e "alienação", em geral.

O que significa esse desenvolvimento, do ponto de vista lógico? Parece significar que existe, em Marx, um além do conceito, em que o conceito vem a ser resolvido em uma outra "lógica". Essa "lógica" contém elementos da lógica do ser e da lógica da essência. Mas ela não se reduz a estas e, por outro lado, tampouco coincide com a lógica do conceito (que é a "síntese" das outras duas). O capital, que era sujeito e continha em si os momentos da mercadoria e do dinheiro, torna-se, agora, *momen-*

to de um movimento, cujo outro momento é o trabalho.[84] Por analogia com a passagem da mercadoria ao dinheiro (ou vice--versa), esse movimento pode ser considerado como um *devir*. O trabalho cria o capital, do qual se desprende uma parte que se resolve em trabalho, e assim por diante. De fato, mesmo se – ou porque – se exprime [aqui] a exploração, o sujeito capital é, de algum modo, logicamente "fraturado", e se apresenta atravessado por um *devir*. Ele se quebra em dois extremos, ele mesmo e o trabalho,[85] os quais, no entanto, não são mais polos (relação que

---

84 *Nota de março de 2019*: Os termos são agora o Trabalho e o Capital. Que significa isto? Na realidade, "trabalho" substitui por um lado "força de trabalho", que desapareceu no processo. Mas substitui também "trabalho abstrato" como categoria dominante (ou como uma das categorias dominantes). A posição do "trabalho" se explica mais ou menos assim: o capital liquidou todas as mediações. Com a segunda negação da circulação simples, ele continua sendo, e até mais do que nunca, Sujeito (mas não de um ponto de vista estritamente lógico). A sua relação para com o trabalho passa a ser imediata, e por isso o trabalho também tem de ser posto. O máximo de submissão do trabalho pelo capital desvela a presença do trabalho, e temos agora capital e trabalho. O primeiro se apropria da riqueza criada pelo último. Assim, no que se refere ao "fundamento", tem-se, nesse terceiro momento, tanto um aprofundamento da negação (em certo sentido, mesmo do fundamento) quanto uma negação da negação.

85 Sem dúvida, a *ruptura* das coisas e seu retorno ao fundamento são literalmente temas hegelianos, mas eles são afirmados a propósito de coisas finitas: "As coisas finitas, em sua variedade indiferente, têm, por consequência, como característica, em geral, serem contraditórias em si mesmas, *serem diaceradas em si e retornarem a seu fundamento*" (WL, v.II, p.61; L, v.II, p.86, grifos de Hegel). *O que é novo em Marx é que o conceito – enquanto conceito – se revela finito*. E isto não somente no sentido de que o conceito (o capital) é submetido à "corrupção" (isto já assinala uma diferença), mas no sentido de que, como objeto lógico – e como o objeto lógico mais elevado –,

é do registro da lógica da essência), porque entre as duas determinações há aqui algo diferente de uma polaridade: um termo absorve o produto do outro, e devolve a ele uma parte do que se lhe apropriou. À primeira vista, a lógica da essência estaria ausente, aqui, porque nesse momento predomina a transparência e a visibilidade, e o registro da essência vai na direção oposta. Mas há uma relação evidente com a essência, no sentido de que o momento é precisamente aquele em que a essência se torna visível, num duplo sentido: o trabalho, que como trabalho abstrato era a substância do valor, vem à superfície, de certo modo, ao lado do capital, cujo caráter de sujeito é agora desmistificado; ele se presentifica também. Assim, é como se tivéssemos lado a lado a *substância* e o *sujeito*. Mas essa presentificação do capital e do trabalho não é a sua "revelação" (*Offenbarung, Manifestation*), isto é, a sua posição como fenômeno (ou a unidade da essência e do fenômeno, que é onde se move o livro III). Aqui, substância e sujeito "afloram", embora, paradoxalmente, essa posição "nua" afete o modo da sua realidade (a substância do valor – o trabalho abstrato, está lá, mas incorporado ao processo, e, quanto ao capital, se põe em relevo a sua dependência para com o trabalho que ele absorve constantemente). – Esse "além-conceito" reencontra, assim, o movimento do ser e, de algum modo, o registro da essência (a distinguir da síntese ser/essência, característica do conceito, no caso, do capital enquanto capital). Enfim, percebe-se que a ruptura do conceito, na medida em que ele põe as classes e o fenômeno da exploração – trata-se como que do *"fenômeno fundamental"* –, realiza uma espécie de desmistificação,

---

ele aflora, numa dialética última, que reúne, sem a síntese do conceito, a lógica do ser e a da essência.

O capital *e a* Lógica *de Hegel*

que não tem, no entanto, o caráter de uma redução antropológica. Sabe-se que, na sua juventude, Marx tentou fazer uma crítica do conceito hegeliano, crítica que, no entanto, mostrou-se ilusória, na medida em que o "misticismo" que ele imputava ao discurso hegeliano era, em geral, *adequado* ao "misticismo real" do objeto no capitalismo, e, *enquanto tal, esse discurso era verdadeiro*. Foi preciso, portanto, pôr o objeto "místico" – o conceito enquanto capital. Entretanto, uma vez posto, vê-se que o objeto "místico" é submetido a uma lógica "abissal", retorno do ser e da essência em um *além* do conceito, o que o desmistifica através da re-posição "transfigurada" do fundamento substancial negado. O sujeito autônomo é, assim, posto, mas ele é ao mesmo tempo resolvido numa iluminação abissal da exploração, que corresponde à posição do sistema no seu grau máximo de intensidade. Sem essa iluminação, o sujeito-movimento teria, com efeito, algo de mistificante. Isso quer dizer que a posição do capital no grau máximo de sua intensidade o dissipa enquanto *puro* sujeito-movimento. O realismo de Marx (no sentido medieval do termo), realismo que pode parecer às vezes chocante, completa-se, assim, com uma crítica do realismo. Se a lógica do conceito em Hegel se conclui pela Ideia, pode-se dizer que, nesse momento da apresentação marxiana, se encontra também a Ideia do sistema – mas a Ideia *crítica* do sistema, e no contexto de um retorno original ao ser e à essência.[86] Encontra-se aí,

---

86 Na *Lógica*, o movimento que melhor corresponde à interversão *enquanto* "desabamento" (*écroulement*) *do conceito* é a parte final da dialética do *fenômeno* e o começo da efetividade, na lógica da essência. No movimento final do *fenômeno* retorna-se a uma espécie de fundamento que é a coisa (*Sache*) – trata-se da segunda emergência da

Ruy Fausto

de resto, um eco da noção kantiana de ideia: como já observei anteriormente, pelo próprio fato de que o ponto de chegada

---

Coisa (WL, v.II, p.150; L, v.II, p.217, "A relação do interior e do exterior") –, a partir da qual passar-se-á à *efetividade* e à *substância*. Tem-se, portanto, o momento do "absoluto" (ver, em particular, "a exposição do absoluto", início do capítulo primeiro da terceira seção da lógica da essência). É o momento da dissolução na totalidade de todas as determinações anteriores, uma totalidade que, decalcando de modo especulativo a *Ética* de Spinoza, desdobra-se mais à frente em atributo e modo. O "Absoluto" é, de algum modo, um retorno ao ser, mais exatamente, um retorno ao nada. Ele unifica o ser e a essência: "O Absoluto não é somente o *ser*, nem tampouco a *essência* [...]. O Absoluto mesmo é a unidade absoluta dos dois; ele é o que constitui, em geral, o *fundamento* da relação essencial [...]" (WL, v.II, p.157-8; L, v.II, p.230, grifos de Hegel). *"Essência, existência, mundo que é em si, todo, partes, força* – essas determinações refletidas aparecem ao representado como ser verdadeiro, valendo em-si e para-si; mas o absoluto é, aos olhos delas, o fundamento no qual elas desapareceram" (ibid., p.158; p.231, grifos de Hegel). "Na verdadeira apresentação, essa exposição é o todo [...] do movimento lógico da esfera do *Ser e da Essência*, cujo conteúdo [...] determina-se em--si por sua determinação interior e, como *devir* próprio do ser e re-*flexão* da essência, retorna no absoluto como em seu fundamento" (ibid., p.159; p.231-2, grifos de Hegel). "Mas essa exposição tem, ela mesma [...] um lado positivo [...]. Porém esse lado é menos a exposição positiva do próprio absoluto do que a exposição das determinações, a saber, que elas têm o absoluto como seu abismo, mas também como seu *fundamento*, ou que o que lhes dá, à aparência, um subsistir, é o próprio *absoluto* [...]" (ibid., p.159; p.232, grifos de Hegel).
O parentesco entre esse movimento do "absoluto" e o movimento da interversão em *O capital* se dá no fato de que, em ambos os casos, retorna-se a um fundamento, cai-se num "abismo", que nega as determinações anteriores, restabelece negativamente a totalidade, e nos reconduz a um universo que tem alguma coisa em comum

O capital *e a* Lógica *de Hegel*

desse movimento representa o nível mais profundo do objeto, o que os *Grundrisse* chamam de *Hintergrund*, ele nos conduz para fora deste. Os limites do objeto são ultrapassados. Assim, o movimento de interversão das relações de apropriação não

---

com o do ser. Um texto como esse não refutaria, ele mesmo, toda tentativa de encontrar na interversão das relações de apropriação uma transgressão dos limites da dialética hegeliana? Que, *em geral*, estejamos em um registro hegeliano é indiscutível (ver Primeira Parte). Há, no entanto, como já indiquei, uma diferença, e ela reside sempre no fato de que esse retorno ao absoluto enquanto ser e fundamento é, em Hegel, anterior ao conceito, ao passo que em Marx ele é posterior ao que, em *O capital*, corresponde ao conceito (o capital). Dado o lugar em que ele se situa, esse retorno ao ser e ao fundamento *toma em Marx o sentido que tem a Ideia na Lógica*, isto é, ele representa, digamos, a "totalização" final. Em Hegel, a Ideia – em particular a Ideia Absoluta – é também retorno ao ser (cf. WL, v.II, p.504; L, v.III, p.391): "na Ideia absoluta, a *Lógica* retornou a *essa unidade simples* que é o seu começo; a *imediatidade pura do ser*, na qual, no início, toda determinação aparece como extinta [...] e, pela mediação, a saber a 'supressão' da negação, é a Ideia que chegou à igualdade consigo mesma, que lhe corresponde" (grifos meus). Enquanto retorno ao ser, a Ideia pode ser também, de modo bastante geral, retorno ao fundamento. Mas, em Marx, a "totalização" que se instaura com a interversão é retorno ao fundamento num sentido preciso, isto é, como fundamento posto enquanto determinação da *lógica da essência* (na realidade, como fundo). Ora, dado o fato de que a essência é negatividade, vê-se que em Marx o retorno final ao "absoluto" é negativo. Não se totaliza. A "totalização" negativa é exteriorizante, espécie de reflexão exterior *da* interioridade. Se sabemos que não há totalização positiva e interior em Marx, à maneira da Ideia hegeliana, vê-se aqui por que não há. Totaliza-se negando (no sentido mais forte, a negação tomada como retorno ao "ser do fundamento essencial") e exteriorizando (a partir do interior). Isto significa também que a "totalização" é a *crítica* do objeto, o que não se poderia dizer, a rigor, da Ideia.

constitui somente uma crítica da economia política *aufklärer*, mas representa também, em ato, algo como *uma crítica da lógica de Hegel*. Se a *Lógica* de Hegel compreende como momentos o ser, a essência e o conceito, a lógica de Marx – a dialética marxiana – tem como momentos a essência, o conceito e um momento em que o conceito "vai ao fundo", encontra, *enquanto conceito que vai ao fundo* um registro que tem alguma coisa tanto do ser como da essência.

Poder-se-ia acrescentar, como já observei anteriormente, que a interversão das relações de apropriação re-põe o vivido. Na realidade – mas sobretudo nos textos dos *Grundrisse*, em que o virtual se torna efetivo –, a experiência da alienação (se o trabalhador tem tal experiência) é virtualmente posta, nesse momento, como determinação teórica. Na medida em que a Ideia absoluta re-põe o ser, e o Saber absoluto, o imediato – que na *Fenomenologia do espírito* é a certeza sensível –, pode-se dizer que o discurso hegeliano também re-põe o vivido. Mas vê-se a diferença: o vivido hegeliano, o imediato, é simples como o ser ou como a certeza sensível (a consciência não é ainda consciência de si). O vivido re-posto por Marx no momento da interversão das relações de apropriação é o vivido do dilaceramento. Assim, o caráter negativo da dialética de Marx também aparece na natureza do imediato re-posto pela teoria.[87]

---

87 *Nota de março de 2019*: Como já indiquei, na descrição do que ocorre no terceiro momento estrutural, Marx faz intervir o capital e o trabalho, mas também o "capitalista" e o "trabalhador". E diz que se "por parte do capitalista a propriedade aparece agora como o direito de se apropriar do trabalho não pago *de outrem* [*fremde*], por parte do trabalhador [ela] significa agora a impossibilidade de se apropriar do *seu próprio* produto" (W, v.23; K, v.I, p.610, grifos meus). A pre-

O capital *e a* Lógica *de Hegel*

Se o extremo da dialética interiorizante assinala uma distância com relação à *Lógica* de Hegel, os limites últimos da dialética exteriorizante vão também no sentido de uma transgressão do hegelianismo. Distingui dois limites últimos dessa

---

sença aí da "temática da alienação" (mesmo sem fundamentação antropológica) é evidente. Entretanto, em *O capital*, Marx como que fica no limiar dela. Nos *Grundrisse*, temos o seu desenvolvimento, o que significa uma passagem ao registro do vivido (da subjetividade do trabalhador) e do qualitativo. De fato, o terceiro momento estrutural nos conduz ao vivido (em *O capital*, só virtualmente). Nos *Grundrisse*, a posição do vivido e da subjetividade são explícitas. *No genial rascunho tem-se, no limite, uma espécie de síntese do jovem e do velho Marx, e uma síntese dessa ordem é talvez a melhor herança, para o nosso tempo, que poderíamos ter do corpus teórico de Marx.* Para começar, nos *Grundrisse* não se lê "força de trabalho" (*Arbeitskraft*), mas "potência – capacidade, faculdade – de trabalho" (*Arbeitsvermögen*). Insiste-se não só em que "o seu próprio produto" (G, p.361; G (L), v.I, p.397) é estranho ao trabalhador, mas também o "seu próprio trabalho" (G, p.366; G (L), v.I, p.401). "O próprio indivíduo que trabaha se aliena [*entäussert*]" (G, p.440; G (L), v.II, p.34). Seu próprio trabalho aparece como "uma manifestação de vida [*Lebensäusserung*]" (G, p.374; G (L), v.I, p.410) que lhe é estranha. "O trabalho coletivo [...] é posto [...] 'como objetividade de outrem [*fremde Objektivität*], [...] e 'como subjetividade de outrem' [*fremde Subjektivität*], porque se trata de 'propriedade de outrem' e de 'propriedade do capital'" (ibid.). "Esse processo de realização [*Verwirklichungsprozess*] [do trabalho] é, ao mesmo tempo, processo de derrealização [*Entwirklichungsprozess*] do trabalho" (G, p.358; G (L), v.I, p.393). O texto vai até a posição da consciência: "Reconhecer os produtos como os seus próprios produtos, e julgar a separação das condições da sua realização como indevida e forçada, representa uma enorme [tomada de] consciência [*Bewusstsein*], que, ela mesma, é produto do modo de produção baseado no capital, e é o seu dobre de finado [*das knell to its doom*] [...]" (G, p.366-7; G (L), v.I, p.402).

dialética exteriorizante: o que está nas seções IV e V do livro III (capital portador de juros e também capital bancário) e, de outro, o que se encontra na seção VI do mesmo livro III (a renda fundiária). Mais a seção VII ("os rendimentos e as suas fontes"), cujo primeiro capítulo (cap.28), trata da "fórmula trinitária". Tem-se em todo esse movimento a *exteriorização* das formas. O fundamento sujeito passa na exterioridade. Marx fala, a esse respeito, de "forma exteriorizada" (*äusserlich*) e de "exteriorização" (*Veräusserliching*).[88] A que isso poderia corresponder na *Lógica* de Hegel e na filosofia hegeliana em geral? Limitemo-nos, inicialmente, à *Lógica*. Não se trata, evidentemente, do movimento que vai da essência ao fenômeno e à efetividade: a este corresponde em *O capital*, como vimos, o começo do livro III. Há, no entanto, uma determinação hegeliana que está ligada à ideia de exteriorização, a noção de *reflexão exterior* (*äussere Reflexion*). A propósito desta, Hegel emprega, mesmo, às vezes, o termo *Entäusserung*.[89] A *reflexão exterior* que sucede à reflexão que põe (*setzende Reflexion*) é um momento no qual se opera uma espécie de queda da reflexão na finitude: ele corresponde precisamente às filosofias da reflexão finita. O entendimento parece então emergir na razão dialética, o que, no plano da apresentação pura das três reflexões, exige um terceiro momento de negação da negação, a reflexão determinante (*bestimmende Reflexion*). Na apresentação da essência como reflexão, a primeira seção da lógica da essência, a reflexão exterior corresponde à diversidade (*Verschiedenheit*), que é

---

88 Ver nota 32 deste capítulo.

89 "Mas *igualdade* e *desigualdade* são a reflexão exteriorizada [*entäusserte*]" (WL, v.II, p.41; L, v.II, p.58-9, grifos de Hegel).

O capital *e a* Lógica *de Hegel*

uma determinação da reflexão, de caráter exteriorizante. A diversidade se apresenta na dualidade igualdade/desigualdade, dualidade que é, ela mesma, uma forma exteriorizada do par identidade/diferença (*Unterschiedenheit*).[90] Mas esse momento da exterioridade é reabsorvido pela *oposição* (unidade da diferença e da diversidade) que se desenvolve em *contradição*, e em seguida pelo *fundamento* que, pelo menos sob um aspecto, é uma exteriorização da essência. As "exteriorizações" que sucedem ao fundamento (existência, fenômeno...) representam o caminho da efetividade: se elas remetem, em alguns momentos, à reflexão exterior, esta é, cada vez, reabsorvida.[91] A reflexão exterior jamais se autonomiza.

Em *O capital*, a "reflexão exterior" (a exteriorização) vem após a efetividade. E ela se radicalizará, em seguida, num segundo momento de exterioridade. O retorno à essência e ao ser do conceito enquanto conceito, que caracteriza a dialética de Marx, tem assim, em contrapartida, o não retorno à interioridade. O melhor *simili* hegeliano da exteriorização das categorias de *O capital* é, provavelmente, *a exteriorização da Ideia*.[92] Encontra-se aí um sujeito objetivo que se coisifica e perde alguma coisa de sua racionalidade. Porém, em Hegel — a diferença

---

90 A dualidade igualdade/diferença é, no *interior da essência*, o análogo da dualidade mesmo/outro (ipseidade/alteridade) na lógica do ser. Este último par é externo, mesmo se ele comporta uma interiorização no domínio do ser (ver WL, v.II, p.32-3; L, v.II, p.47).

91 Ver por exemplo WL, v.II, p.107; L, v.II, p.155-6.

92 Comparei anteriormente o movimento que vai da Ideia à filosofia da natureza com a passagem do capital à renda fundiária. Agora, comparo essa saída da Ideia ao conjunto das exteriorizações do capital.

é importante –, a exteriorização se faz além da *Lógica*, isto é, para além do domínio da dialética mais alta,[93] ao passo que em Marx ela é interior a *O capital*, isto é, ao sistema de formas enquanto tal. Sem mudança de registro, a saber, *na interioridade da dialética mais alta*, as formas se coisificam.

Ao tratar da "fórmula trinitária", Marx falará muito mais de alienação (*Entfremdung*) e de formas alienadas do que de exteriorização (*Veräusserlichung*).[94] O movimento de exteriorização

---

93 "A dialética mais alta", a expressão é de Hegel (retomada por Lebrun em *La Patience du concept, essai sur le discours hégélien*), designa, em princípio, a dialética do conceito. Eu a utilizo aqui a propósito da *Lógica* em geral, em contraposição às ciências filosóficas reais.

94 "Dado que aqui uma parte da mais-valia não aparece diretamente ligada às relações sociais, mas a um elemento natural, a forma da alienação [*Entfremdung*] e da ossificação [*Verknöcherung*] das diferentes partes da mais-valia umas em relação às outras se completa; a conexão interna se rompe definitivamente, e sua fonte é plenamente recoberta precisamente pela autonomização recíproca das relações de produção ligadas aos diferentes elementos materiais do processo de produção" (W, v.23; K, v.III, p.838; C (Éd. S), livro III, tomo III (VIII), p.207). "Essa figura alienada (em relação) ao trabalho, autonomizada em face dele e por isso figura transformada [*verwandelte*] das condições de trabalho, na qual, assim, os meios de produção produzidos [*die produzierte Produktionsmittel*] se transformam em capital, e a terra em terra monopolizada, em propriedade fundiária, essa figura que pertence a um período determinado da história, coincide, por isso, com a existência [*Dasein*] e com a função dos meios de produção e da terra no processo de produção em geral" (W, v.25; K, v.III, p.832; C (Éd. S), livro III, tomo III, p.202). – À exteriorização (*Veräusserlichung*) sucede, assim, a alienação (*Entfremdung*). Dualidade que não se deve confundir com a dupla *Entäusserung/Entfremdung*, enquanto ela descreve a primeira e a segunda forma do dinheiro. Vê-se que, em *O capital*, a exteriorização, noção empregada nas obras de juventude, não é substituída pelo fetichismo. Além do análogo não antropológico da

poderia ser considerado como um retorno ao entendimento, de onde a possibilidade de compará-lo à reflexão exterior, em que há emergência da finitude. Mas, se o que aparecia era o entendimento e, portanto, a representação, tratava-se, naquele caso, de uma representação de ordem *intelectual*. Com a exteriorização tal como aparece para os agentes, a representação que emerge tem, ao contrário, um caráter *imaginativo*. Nesse sentido, se dissemos que o limite da dialética exteriorizante representava a perspectiva de um *entendimento* externo (oposto a um entendimento interno que dá a essência do objeto), isso era válido até a apresentação da fórmula trinitária. Com ela, trata-se, na verdade, da *imaginação*.[95] Na realidade, o que caracteriza a seção

---

alienação dos agentes, que, como vimos, está pelo menos virtualmente no desenvolvimento da interversão da lei de apropriação, o tema da alienação aparece na *exteriorização objetiva do sistema de formas*. Uma exteriorização que representa uma primeira queda da forma conceitual do objeto (a tradução de *Veräusserlichung* ou mesmo *Entäusserung* por "exteriorização" deixa, sem dúvida, escapar esse aspecto). A alienação (*Entfremdung*), a qual é também objetiva, mas somente no sentido de que suas raízes estão no objeto, tem uma relação mais estreita com o fetichismo. O fetichismo é a configuração natural que tomam as relações sociais na representação dos agentes. Essas relações são quase naturais na essência, naturais na aparência. A alienação das formas, descrita no fim do livro III, representa o fetichismo ou a fetichização do conjunto do sistema. Mas há fetichização relativamente a cada forma da circulação simples.

95 Insisti, em outro lugar e aqui, no seguinte resultado: em vez de dizer (com ele!) que Marx descobriu o núcleo racional da *Lógica* de Hegel, seria preciso afirmar que ele, na verdade, descobriu o *núcleo irracional do real* ("a mercadoria tem sutilezas metafísicas"), e que é da *adequação de duas irracionalidades* que nasce a revalorização da lógica hegeliana. A "mistificação" hegeliana se revela *adequada à mistificação das coisas e pelas coisas*, e com isso adquire seu valor de verdade. O discurso que

VII do livro III não é a simples exteriorização das formas. Aqui, o sistema de formas se confunde de maneira "anfibológica" com os conteúdos materiais. Há interferência (*brouillage*) entre a forma e o conteúdo material. O que se tem aqui não é, assim, o análogo da exteriorização da Ideia como no caso anterior (seções V e VI do livro III), pois, pela exteriorização da Ideia, se há investimento da forma em uma matéria, *não há mistura* entre forma e conteúdo. Nem a *Lógica*, nem as ciências filosóficas reais, nos dão um equivalente satisfatório. É somente na *Fenomenologia do espírito* que poderíamos pensar em encontrá-lo.[96]

---

reproduz a mistificação *objetiva* não é mistificador, mas desmistificante. No entanto, caso se possa falar, em tal contexto geral, de "imaginário" e de "mistificação", é, a rigor, em relação à lógica *aufklärer* e ao entendimento (poder-se-ia dizer também e melhor: a aparência é aparência da essência, e a essência da essência é aparecer; o objeto é essencialmente quase natural, mas faz parte de sua *essência aparecer* como natural). Contudo, no caso da fórmula trinitária, que temos em vista agora, trata-se propriamente de imaginação e de "mistificação", pois ela corresponde à aparência e não à essência do sistema. Mas se trata sempre de imaginação e "mistificação" *inscritas* no real.

96 Na *Fenomenologia do espírito* encontramos tanto o conceito de *Entäusserung* (exteriorização) quanto de *Entfremdung* (alienação). O primeiro se encontra sobretudo no final da obra, nos capítulos sobre a religião e o saber absoluto. O segundo se encontra, principalmente, no momento da cultura (*Bildung*) ("O Espírito: B. O Espírito alienado de si mesmo: a cultura"). Sobre este, ver Gauvin, "*Entfremdung et Entäusserung dans la Phénoménologie de l'esprit*", Archives de Philosophie, Paris, tomo XXV, III-IV, jul.-dez. 1962. O fato de que na *Fenomenologia* se trate, em geral, da exteriorização e de alienação da *consciência* (ou da *atividade*) limita, novamente, as possibilidades de uma comparação com *O capital*, no qual se tem exteriorização e alienação do conceito. Não há, em *O capital*, um *Si* em movimento que se exterioriza e se coisifica, mas um conceito-movimento que se exterioriza e se coisifi-

Ainda que na *Fenomenologia* se encontre apenas uma dialética da consciência e não uma do conceito enquanto tal, referir--se a ela para o *Entfremdung* é significativo, pois a alienação do conceito é por excelência uma fonte de *ilusão*. Ora, a situação da consciência comum (ou natural) diante da consciência filosófica, na *Fenomenologia*, é precisamente a de uma experiência ilusória (na qual o lado imaginativo não está ausente) em face de uma experiência científica do objeto. Nesse sentido, não são apenas os textos sobre a *Entfremdung* na *Fenomenologia* que permitem uma aproximação, mas o conjunto da *Fenomenologia*, ou o que escande toda a obra: a diferença entre as duas consciências, a experiência ilusória da consciência natural. Todavia, certos capítulos possuem um interesse particular. Primeiro, o capítulo sobre a cultura ("o espírito alienado de si mesmo"), sobretudo a figura da fé (*Glaube*). Porque o que caracteriza a fé é a percepção do conceito como se ele fosse alguma coisa de sensível, isto é, a percepção dele como suprassensível.[97] (Cf.

---

ca. Todavia, a comparação com a *Fenomenologia do espírito* é interessante para os dois casos (exteriorização e alienação). Na medida em que os textos da *Fenomenologia* nos quais se encontra o termo *Entäusserung* se situam no final da obra, onde o saber absoluto se apresenta como constituído ou no limiar de sua constituição, ela remete, em geral, — ver sobretudo "O saber absoluto" — à ideia de uma exteriorização do conceito. Mesmo se esses textos anunciam muito mais o começo da *Lógica*, eles antecipam, também, a saída da Ideia na natureza e, em seguida, na história, e convergem, dessa forma, com o final da *Lógica*. Tudo isto concerne ao *Entäusserung*. Para o *Entfremdung*, ver a continuação do texto.

97 "A consciência pura [da consciência que crê] é afetada por este último ponto de vista [o da coisa sensível]; com efeito, dado que ela é privada do conceito, as diferenças do seu reino *suprassensível* são

a mercadoria como sensível suprassensível.) A fé unifica imediatamente o sensível e o inteligível num conceito alienado; a *Aufklärung* os separa abstratamente ("o objeto da fé é um pedaço de pedra, um bloco de madeira").[98] (Cf. a crítica antifetichista – convencionalista – da "econômica supersticiosa" pela economia clássica.) Outro capítulo interessante nesse contexto é o que trata da percepção ("a coisa e a ilusão [*Täuschung*]"). Na dialética da percepção, o entendimento se dá, ao mesmo tempo, um objeto universal e objetos sensíveis (ele altera, de resto, a denotação de um e dos outros; em princípio, a coisa é o universal e as propriedades são as determinações sensíveis; mas a atribuição termina por se inverter). De todo modo, o "entendimento percipiente [*wahrnehmender Menschverstand*], frequentemente chamado de bom senso"[99] se deixa levar pelo jogo da universalidade (intelectiva) e da singularidade (perceptiva).

---

uma série de figuras autônomas, ao passo que seu movimento é um sobrevir [*Geschehen*], isto é, essas figuras estão somente na representação e têm nelas a modalidade do ser *sensível*" (Ph. G., p.403; Phén., p.503-4, grifos meus). "A essência da fé cai do pensamento na representação e torna-se um mundo suprassensível, que seria essencialmente um outro da consciência de si" (Ph. G., p.379; Phén., p.476). Cf. uma nota de Hyppolyte na sua tradução da *Fenomenologia do espírito*: "[a fé] se eleva do mundo sensível a um segundo mundo que está somente *além* do primeiro; mas ela transpõe *imediatamente* este primeiro mundo neste novo elemento. É por isso que Hegel diz que ela é representação [*Vorstellung*], forma precisamente intermediária entre a efetividade sensível e o pensamento, elevação sem mediação verdadeira de um a outro" (ver *La Phénoménologie de l'esprit*, v.II, p.85, n.74, grifos de Hyppolite).

98 Ph. G., p.393; Phén., p.491-2.

99 Ph. G., p.101; Phén., p.172.

O capital *e a* Lógica *de Hegel*

A consciência (percipiente) "se *imiscui* [*einmischt*] imediatamente na apreensão pura".[100]

Em Marx, o conceito alienado é também objeto de uma "consciência natural": a consciência dos agentes presos nas teias do sistema, e a de seus ideólogos. O fetichismo da "fórmula trinitária" remeteria, por isso, à dialética hegeliana? No que se refere à percepção, é preciso observar que a ilusão da percepção ocorre no início da *Fenomenologia*; o percurso fenomenológico visa precisamente reduzi-la. Em *O capital*, é no final que se encontra a ilusão enquanto ilusão; a apresentação da obra nos conduz a ela. O capital *aparece, assim, como uma espécie de* Fenomenologia do espírito *às avessas. Chega-se, no final, à "percepção", à coisa, à ilusão.* A inscrição da dialética das formas na matéria determina, de algum modo, esse resultado. As formas acabam por se exteriorizar.[101] De modo geral, é preciso

---

100 Ph. G., p.94; Phén., p.165, grifo de Hegel. Hyppolite traduz *einmischt* por *se mélange*, Phén. (Hyppolite), op. cit., v.I, p.99. E na *Genèse et structure de la* Phénoménologie de l'esprit *de Hegel* (p.110), ele escreve: "O objeto da percepção é a mistura da abstração e do sensível que denominamos uma propriedade". Na realidade, o termo "mistura" (*Vermischung*) pode ser encontrado na *Enciclopédia*: "Esta ligação do singular e do universal é uma *mistura*, pois o singular é um ser que se encontra no fundamento, e persiste diante do universal, com o qual ele, ao mesmo tempo, se relaciona" (*Enz.*, v.III, §421, p.210; *Enc.*, v.III, p.226, grifo meu).

101 Para tentar salvar o paralelismo, poder-se-ia recordar o capítulo da *Fenomenologia do espírito* sobre a religião. A imaginação reaparece ali, mas encobrindo o conceito e preparando sua emergência. Hegel estabelece um paralelismo entre a religião e a percepção: "Quanto à forma próxima e ela mesma imediata dessa universalidade, ela não é ainda a forma do *pensar* ele mesmo, do *conceito como conceito*, mas a universalidade da efetividade, a totalidade dos Si, e elevação do

observar que, até certo ponto, de modo semelhante ao destino que têm na *Lógica* as quedas sucessivas no fundamento, a *Entfremdung* da consciência na *Fenomenologia do espírito* se resolve no seu momento final, o saber absoluto. Nesse momento, se há objetivação do sujeito e subjetivação do objeto, *não há confusão* entre as duas consciências, nem entre representação e conceito. A subjetivação do objeto poderia sugerir uma convergência, pois ela ocorre tanto no Saber Absoluto quanto na fórmula trinitária. Só que, no Saber Absoluto, o objeto se subjetiviza como autoatividade; na fórmula trinitária, ele se subjetiviza pela interferência (*brouillage*) *entre a imaginação e a representação intelectual*. Isto é, a subjetivação do objeto deste último caso não é a emergência do objeto-Sujeito. O objeto se subjetiviza porque ele é, ao mesmo tempo, representado[102] e imaginado. Em suma, no fim do livro III de *O capital* não é a "boa" subjetividade que se objetiva, é o sujeito enquanto sujeito finito que interfere em um objeto, à sua maneira, infinito. Em consequência, não há fusão, mas interferência (*brouillage*) entre o sujeito e o objeto. É como se, na versão marxiana do final da *Fenomenologia*, a cons-

---

ser-aí na representação; como por todo lado e para dar um exemplo determinado, o *isto sensível* suprimido é somente, de início, a coisa da *percepção*, ainda não é o universal do entendimento" (Ph. G., p.531; Phén., p.650, grifos de Hegel). Ver também a nota 1 de Labarrière e Jarczyk, p.650 de sua tradução. Poder-se-ia acrescentar que, para pensar o fetichismo, Marx faz apelo ao mundo religioso, mesmo que se trate – diferença importante – muito mais das religiões primitivas do que da "religião revelada". Nem por isso a diferença desaparece. Se em Marx a percepção ilusória é reconduzida à religião, esta não só não conduz à Ideia, mas, de modo mais geral, não representa o limiar do conceito.

102 Refiro-me à representação *intelectual* em sentido geral.

ciência filosófica *se misturasse* à consciência natural (observar que o problema aqui *não* é o da questão epistemológica geral sobre a relação entre sujeito e objeto).

A ilusão a que remete a fórmula trinitária é necessária como em Kant, e objetiva como em Hegel. Como em Kant, ela se conserva como ilusão.[103] O que significa, também, introduzir um tipo de absurdo que lembra o *non-sense* husserliano, e cujo modelo é o do "logaritmo amarelo".[104] Transgride-se e confundem-se os limites de regiões: "primeiramente, as alegadas fontes da riqueza anualmente disponível *pertencem a esferas completamente díspares [disparaten]*, e não têm entre si a menor analogia. Elas se relacionam entre si aproximadamente como os honorários de tabelião, as beterrabas e a música".[105]

8 – A matéria, o tempo. O Sistema.

Um outro problema é o do tempo. Mas, antes de discuti-lo, é preciso se referir à questão da matéria, que comecei a tratar na Seção 2. Juntamente com o tempo, esse aspecto é o mais comentado, e, por isso mesmo, o menos conhecido da relação Marx/Hegel. Marx insiste de modo expresso contra Hegel

---

103 Talvez fosse necessário fazer, aqui, uma referência a Leibniz, no sentido de que se estabelece um caminho que permite passar do racional ao imaginário, ou do racional ao racional-imaginário.

104 "[...] 'preço do trabalho' é tão irracional quanto um logaritmo amarelo" (W, v.25; K, v.III, p.826; C (Éd. S), livro III, tomo III (VIII), p.197). Cf. Husserl: "esta cor $+1$ dá 3. [...] dizemos que a frase não tem sentido propriamente dito" (Husserl, *Logique formelle et logique transcendantale*, §89, p.291).

105 W, v.25; K, v.III, p.822; C (Éd. S), livro III, tomo III (VIII), p.19.

que as formas não podem se separar da matéria em termos absolutos (ou deixando somente no horizonte distante uma matéria "suprimida"). Em uma adição à pequena *Lógica*, citada por Marx na primeira edição de *O capital*, Hegel, pela pena de um de seus ouvintes, afirma que o conceito não tem necessidade de um "material" ou de uma "matéria externa". Marx comenta da seguinte maneira tal passagem: "Só o 'conceito' hegeliano consegue [*bringt es fertig*] se exteriorizar sem uma matéria [*Stoff*] externa".[106] Se há em Marx uma dependência da forma dialética relativamente às exigências de conteúdo, há também uma dependência dessa forma em relação à matéria. Seria necessário, ainda, definir esta última. No que concerne à relação "forma (dialética)/conteúdo" (ver o começo desta seção), a forma aparecia, primeiramente, como um momento subjetivo que deveria se comprovar como forma objetiva. Para a relação "forma/matéria", tudo se passa imediatamente no plano do objeto. A forma objetiva depende da matéria. Nesse caso, *há menos um limite da inteligibilidade (dialética) do que um limite do que é objetivamente inteligível*.[107] Ainda aqui, a dialética marxia-

---

106 Marx escreve isto na primeira edição de *O capital* – ver o texto da primeira edição do livro I de *O capital*, em Dognin, *Les "Sentiers escarpés" de Karl Marx*, v.I, p.54-6 e p.55-7 – após haver mostrado, a propósito da forma do valor, que o trabalho abstrato se objetiva no trabalho concreto que se encontra na "forma equivalente", um dos polos da mercadoria. Marx cita em nota uma passagem da pequena *Lógica*: "O conceito que é, antes de tudo, somente subjetivo, vem a [*schreitet... fort*] se objetivar em virtude de sua própria atividade, sem ter necessidade, para isso, de um material [*Material*] ou de uma matéria [*Stoff*] externas" (*Enz.*, v.I, §194, ad., p.351; *Enc.*, p.609).

107 Nesse sentido, a passagem de Hegel a Marx tem uma analogia com a articulação Platão/Aristóteles. Marx coloca em questão a existência

na aparece como sendo *limitada*, mas a limitação se enuncia de uma maneira original relativamente à que se tem para a relação "forma/conteúdo".

---

separada das formas e não sua *existência ou objetividade*. Cf. Aristóteles: "sem o universal não se pode chegar à ciência, mas a separação [*to korìdzein*] é a causa de todas as dificuldades que se encontram a propósito das ideias" (*Métaphysique*, M 10, 1086 b5, II 789; *Aristotle's Metaphysics*, II, p.249). – Retomo o que escrevi em outro lugar sobre a dialética marxiana e o argumento ontológico e, a partir disso, sobre a relação Hegel/Marx (ver MLP, v.I, ensaio 3, p.131-2). Após haver mostrado o que há de comum entre a dialética e o argumento ontológico (a passagem da determinação à posição enquanto análoga da existência), tentei distinguir as maneiras hegeliana e marxiana de acolher o argumento. Insisti no fato de que, em Marx, mesmo se a passagem da determinação à posição é suposta, a dualidade "sujeito/objeto" se conserva. A passagem ocorre no objeto e o sujeito a reproduz. Ora, a dualidade subsiste também em Hegel e, como vimos, poderíamos afirmá-la em certo sentido, mesmo no nível da Ideia. De fato, a diferença entre Marx e Hegel não se situa nem na afirmação da existência das formas, o que quer dizer, da existência de uma certa ordem ideal ou de idealidade, nem na afirmação da existência *dual* dessas formas: não somente em Marx, mas também em Hegel, elas estão no objeto e reproduzidas pelo sujeito (o "reproduzir" é afirmado quase literalmente por Hegel). A diferença está: 1) no fato de que se há idealidade objetiva em Marx, trata-se de uma idealidade *sem Ideia*. De fato, se o pressuposto da *Enciclopédia* hegeliana é sempre a Ideia, no sentido de que todo discurso da *Enciclopédia* deve ser pensado como predicado do julgamento de reflexão (julgamento com sujeito *pressuposto*) "A Ideia é...", o pressuposto em *O capital* é sempre o capital. Toda a apresentação de *O capital*, incluindo a da circulação, deve ser pensada como pertencente à região dos predicados do julgamento de reflexão "o capital é...". O capital é desde o começo o pressuposto. Há, assim, uma "idealidade" pressuposta, mas ela é *finita* e nascida no processo histórico; 2) no fato de que para Marx, mas não para Hegel, a idealidade objetiva é necessariamente *inscrita* na matéria.

Como em Hegel, a matéria é pressuposta, mas não enquanto simples horizonte retrospectivo (o que se poderia dizer para o caso de Hegel). Em Marx, há sempre uma pressuposição material última imediata (e não "longínqua"), subjacente ao movimento da pressuposição e da posição, incluindo o próprio movimento da pressuposição e da posição da matéria. O sistema de formas continua sempre *inscrito* na matéria. Em Marx, a matéria é – não mais, mas também não menos – *o lugar de inscrição das formas*. E se a matéria – pelo menos na medida em que ela é fixada como pressuposta – remete mais à ordem do entendimento do que à da razão, é, novamente, o entendimento que limita. No entanto, como nos casos anteriores, não se pode dizer que a razão permanece nos limites do entendimento: a matéria é pressusposta. A esse propósito, pode-se ver em que medida a expressão "materialismo dialético" – que aliás não se encontra em Marx – é excessiva, e em que medida ela corresponde a uma verdade. Na verdade, se a matéria é pressuposta, na expressão "materialismo dialético", "dialético" deveria ser entendido como "negando" "materialismo". Mas, se for assim, não se pode falar de material*ismo*, da mesma forma que não se pode falar de human*ismo*, lá onde o homem é "suprimido" (*aufgehoben*) etc. Por outro lado, a referência à matéria é correta, pois, como vimos, é a matéria que faz falta ao idealismo hegeliano (no seu momento mais elevado) e não o objeto. Marx retoma a tese do idealismo, a de um objeto constituído por *formas*, em última análise, por ideias objetivas. Isto já mostra em que sentido a expressão "materialismo" é excessiva. Mas as ideias se inscrevem sempre na matéria, de onde se vê que não se trata de idealismo. *Aquilo que se denomina "materialismo" de Marx é, assim, em alguma medida, "supressão" (Aufhebung) do materialismo, isto é, afirmação* *"negada" do materialismo.* No que concerne à teoria em sentido estrito, a primeira tese de Feuerbach deveria ser modificada: a diferença entre o velho e o novo materialismo não está na passagem da matéria como objeto à matéria como prática, mas sim *da materialidade posta à materialidade pressuposta.* O idealismo representa, por sua vez, a negação *abstrata* da materialidade.[108] Essas observações sobre o "materialismo dialético" devem ser comparadas com aquilo que escrevi em outro lugar a propósito do "materialismo histórico".[109] Eu insisti no fato de que as assim chamadas determinações superestruturais (direito, ideologia, Estado...) *já* estão na assim chamada "infraestrutura", mas em forma *pressuposta.* Como mostram os textos do capítulo 2 do livro I de *O capital,* a relação jurídica já está na relação econômica, mas não enquanto relação posta (pelo Estado). A passagem da assim chamada infraestrutura à assim chamada superestrutura (denominações que não são dialéticas, pois elas supõem "níveis" e não "momentos") não é, assim, a que vai do econômico *tout court* ao jurídico *tout court,* mas a que conduz do econômico *posto* e do jurídico *pressuposto,* ao econômico *pressuposto* e ao jurídico *posto.* O problema da validade e da justificação da expressão "ma-

---

108 Em princípio, essas observações não colocam em questão a tese sobre Feuerbach na medida em que esta descreve uma outra vertente do pensamento de Marx. Mas, porque a tese I visa apenas um lado, ela é de todo modo estreita. Sobre a relação entre teoria e prática em Marx, ver meu texto "Dialectique marxiste, historicisme, anti--historicisme", em *Recherches sur la formation et la portée...,* op cit., publicado parcialmente em Dascal (org.), *Conhecimento, linguagem, ideologia,* op. cit. Hoje, em MLP, v.III, ensaio III.

109 Ver *Recherches sur la formation et la portée...,* ensaio 4, p.445 ss., e MLP, v.II, ensaio 4, p.297 ss.

terialismo histórico" é, portanto, semelhante ao que levanta a expressão "materialismo dialético". Há uma diferença: no caso do "materialismo dialético", a matéria é pressuposta, e no do "materialismo histórico", a matéria (que é o "econômico", na base socio*econômica*) é posta. O erro na leitura do materialismo de Marx não reside, neste último caso (o do "materialismo histórico"), no fato de supor que a matéria é posta quando ela é apenas pressuposta, mas, antes, no fato de não enxergar que *a posição da matéria coexiste com a pressuposição da forma*. Todavia, na medida em que a matéria posta coincide, assim, com a forma pressuposta, a diferença entre os dois erros não é tão grande. Se a "base econômica" não é imediatamente negada, como a matéria no caso do "materialismo dialético", ela é, no entanto, "negante". Ora, da mesma forma que o "negado", ainda que de outra maneira, "o negante" é também afetado pelo seu contrário. Nesse sentido, a expressão "materialismo histórico" é igualmente excessiva.

Por fim, o problema do tempo. Há um paralelismo entre a relação à matéria e a relação ao tempo, e o que foi dito sobre um pode, em certa medida, ser dito sobre o outro. Mas a questão do tempo deve ser examinada na sua especificidade. Para Hegel,[110] o tempo é o ser-aí do conceito e exprime, na exterioridade, a *negatividade* deste último.[111] Em Marx, encontra-

---

110 No que se refere ao tempo em Hegel, a referência fundamental é o livro de Arantes, *Hegel*, op. cit.

111 "[...] o tempo é o próprio conceito que-está-aí [*daseiendes*]" (Ph. G., p.38; Phén., p.104). "O tempo é o negativo no sensível. O pensamento é a mesma negatividade, mas ela é a forma mais íntima, a forma infinita ela mesma, na qual, por isso mesmo, se dissolve tudo o que existe e, antes de tudo, o ser finito, a figura determina-

-se algo próximo disso. O tempo aparece igualmente ligado à negatividade. No entanto, nem em Hegel, nem em Marx, há, a rigor, historicismo, a despeito de uma lenda tenaz que vem do althusserianismo, entre outros, para o primeiro, e de uma certa leitura temporalizante para o último. Na verdade, nem em um nem no outro encontra-se uma constituição temporal do conceito propriamente dita.[112] Mas nem Hegel, nem Marx, são *anti*-historicistas.[113] Um e outro se situam em uma posição

---

da. O tempo é, sem dúvida, o [poder] corrosivo [*das Korrosive*] do negativo, mas o espírito é, ele mesmo, igualmente isso, a saber, que ele dissolve todo conteúdo determinado" (Hegel, *Sämtliche Werke*, VIII, primeira parte do volume 2: *Die Vernunft in der Geschichte*, p.161, citado por Arantes, op. cit., p.133).

112 "A filosofia é o conceber atemporal, tanto do tempo quanto das coisas em geral segundo a sua determinação eterna" (*Enz.*, v.II: *Naturphilosophie*, §247, Zusatz, p.26, indicado por Arantes, op. cit., p.273). "O tempo é o próprio conceito que *está aí* e se representa à consciência como intuição vazia; é por isso que o espírito aparece necessariamente no tempo, e aparece enquanto ele não apreende [*erfasst*] seu puro conceito, isto é, enquanto não *destrói* [*tilgt*] *o tempo*" (Ph. G., p.558; Phén., p.685-6, grifos meus, citado por Arantes, op. cit., p.258). "[...] há (em Hegel) um esforço para preservar os conceitos-chave da dialética de toda tradição temporal" (Arantes, op. cit, p.272).

113 A tentativa de pensar *sem historicismo* a relação que existe, em Hegel, entre o conceito e o tempo é central no livro de Arantes. Nada caracteriza melhor a perspectiva da obra do que este texto em que o autor se define em relação à *Patience du concept, essai sur le discours hégélien*, de Lebrun: "Para conceber a eternidade é preciso, sem dúvida, preservá-la de toda incidência de representação temporal, mas quando ele nos convida a captar de maneira positiva seu conceito, Hegel não nos sugere que é preciso que não se perca de vista a relação entre este último e o conceito de tempo, e isto a despeito de sua eternidade radical? A ambiguidade – ou pelo menos o convite a

intermediária, ou melhor, eles "suprimem" os dois extremos historicismo/anti-historicismo (mas, precisamente porque ela vale para os dois autores, essa indicação é ainda insuficiente).

Como situar o estatuto do tempo em Marx relativamente ao mesmo tema em Hegel? A primeira resposta segue as linhas do desenvolvimento anterior. Se o capital é o conceito, a diferença é visível. Em Hegel, o conceito enquanto conceito é atemporal, mesmo se ele se exterioriza no tempo histórico, e ainda que ele se ponha como conceito apenas num momento preciso do tempo histórico: aquele em que o sistema hegeliano se torna possível como filosofia. Há, portanto, tempo além e aquém do conceito, mas ele mesmo não é temporal. Entretanto, o capital, o equivalente do conceito, é ele mesmo temporal? Em certo sentido, não. Enquanto objeto lógico (lógico-objetivo), ele não é, a rigor, temporal. Ele remete a uma temporalidade lógico-econômica, assim como o conceito a uma temporalidade lógico-especulativa. Por outro lado, como para o conceito hegeliano, a ciência do capital só é possível num certo momen-

---

não negligenciar as nuances – não fica por aqui". "(Em nota) Esta não é a opinião de Lebrun, para quem a frase de Hegel – que pode ser lida no fim do §258 da *Enciclopédia* é absolutamente unívoca: 'A eternidade não tem nada a ver com o tempo; ou antes, é errôneo confrontar um e outro, pois a eternidade é a dissolução da representação 'tempo' (Lebrun, op. cit., p.117, n.17). *Sem dúvida*", acrescenta Arantes, "*mas isto não impede que se procure examinar mais de perto as condições de tal dissolução*" (Arantes, op. cit., p.139, grifos meus). É evidente que o exame das condições da dissolução do tempo introduz uma mediação que articula, mesmo se em descontinuidade, o tempo e o conceito. No que se refere à recusa do *anti-historicismo* (*recusa que não implica afirmar o historicismo*) por parte de Marx, ver MLP, v.III, ensaio III.

to do tempo, o que não implica, novamente, temporalização intrínseca. No entanto, a diferença é evidente. Ela não reside, como se viu, no fato de que em Marx, ao conceito "capital" corresponde um objeto "capital". Mesmo se em Hegel ela é mais complexa, essa adequação vale também para o conceito hegeliano. A diferença está no fato de que o capital (como objeto, o destino do qual seu correlato pensado deve re-produzir) está sujeito à "corrupção". Ele não se exterioriza, não *se decide* (*entschliessen*) a se exteriorizar como o conceito hegeliano que se tornou ideia, ele está *sujeito* à corrupção. Assim como o capital vai ao *Grund* logicamente (lógico-objetivamente), também vai enquanto objeto histórico[114] (já me referi a este último *Grund*, na seção consagrada à crise). Nesse sentido, se o "conceito" marxiano, diferentemente do conceito hegeliano, se *inscreve* na matéria, ele é, por outro lado, *atingido* pela contradição.

A dialética de Marx se situa no solo da finitude, o que não exclui — mas implica — que no nível desse solo podem-se encontrar determinações *a seu modo* infinitas. Mas a relação para com a finitude é relação para com o devir, e, no plano do objeto, finitude e devir remetem à potência do tempo. Que o capital não escapa da finitude significa que a contradição que ele contém acaba por se "dissolver", ou antes, ela acaba por dissolvê-lo,[115]

---

114 Em *O capital*, esse "histórico" é, em primeiro lugar, também lógico- -histórico (ver *supra*).

115 Na realidade, tanto em Hegel quanto em Marx, a contradição tem um duplo estatuto. Poderíamos dizer o seguinte: tal como há uma boa e uma má infinitude, há uma boa e uma má contradição. A oposição, mas também a contradição, não exclui, em um primeiro momento, a permanência do objeto. Ao contrário, somente o objeto contraditório é "vivo". É ao dominar os momentos contradi-

o que conduz ao *Grund*. Mas o *Grund* acaba sendo o abismo, e não somente o fundamento. O capital, que é o análogo do conceito, cai assim no movimento do *devir*, determinação da lógica do ser. Ele passa do ser ao nada. E se, no registro do discurso teórico, isso não significa temporalização do conceito – senão na medida em que se constituiria assim uma teoria sobre o destino do conceito (isto é, do capital) –, no plano do objeto significa temporalização. O capital enquanto objeto é devorado pela potência do tempo. A estrutura não se dissolve somente no devir, como determinação conceitual do lado do sujeito; ela se dissolve num devir que reencontra o tempo enquanto tempo. No que concerne à relação ao tempo, a diferença entre o capital e a Ideia é, portanto, evidente. Por ele não dominar de maneira *absoluta* seu momento de finitude, o capital é sempre ameaçado pelo devir, mais precisamente no seu correlato objetivo, o devir no tempo. A Ideia não. Se ela retorna ao devir, no sentido de que o sistema é circular – a lógica do ser acabará por ser re-posta –, isso acontece porque a Ideia decidiu (*entschliessen*) se exteriorizar. E, segundo o texto final da *Fenomenologia* (que se refere, é verdade, ao saber absoluto), o tempo foi, mesmo, *eliminado* (*tilgen*).

Essa dependência em relação ao devir e ao tempo e à finitude poderia ser justificada, à primeira vista, em termos hegelianos. Nessa linha de argumentação, teríamos aqui, *contra Hegel* – radicalizando-o –, uma "dialetização da dialética hegeliana" (um

---

tórios que o objeto é movimento. No entanto, no "momento" em que não domina mais suas determinações contraditórias, ele cai no *Grund enquanto abismo*. Sobre esse tema, ver a observação 3 sobre a contradição, em WL, v.II, p.58 ss.; L, v.II, p.81 ss.

pouco como a afirmação do primado do conteúdo radicaliza-ria contra Hegel um tema da crítica hegeliana a Schelling). Uma determinação só pode ser efetivamente conservada pela sua "supressão", isto é, negando-a ao mesmo tempo que se a conserva. A simples conservação implica, pelo contrário, uma negação abstrata. Nesse sentido (na *Filosofia da história*), Hegel afirma que somente aquilo que desaparece no tempo se conser-va, o que é eterno está morto.[116] A mesma coisa para a relação entre o infinito e o finito. Apenas o infinito que contém o fi-nito é o verdadeiro infinito e se conserva enquanto tal. Assim, a Ideia hegeliana cai na finitude, porque ela pretende se elevar inteiramente além da finitude.

Na realidade, esse movimento (crítico) não é hegeliano, na medida em que, se Hegel não nega que a Ideia contém ela mesma o "momento" da finitude, esse momento é dominado absolutamente, poder-se-ia dizer, *infinitamente*, pela Ideia. Mais do que a presença da finitude, é o caráter da relação a esse mo-mento de finitude que está em jogo. Trata-se de saber se a re-lação à finitude é, ela mesma, finita ou infinita.

Tentemos introduzir, agora, o Sistema, isto é, a *Enciclopédia*. Pensemos *O capital* sobre o fundo da *Enciclopédia*. Se o fizermos, obteremos o seguinte resultado. *O capital* se situaria no nível da terceira seção da *Enciclopédia*, a filosofia do espírito. No interior da filosofia do espírito, ele teria seu lugar no *segundo momento*

---

116 "Aqui se concluirá que persistem apenas as figuras mais gerais, ao passo que as mais determinadas devem necessariamente desaparecer, quando elas se mostram com uma inquieta vitalidade" (Hegel, *Die Vernunft in der Geschichte*, op. cit., p.135, citado por Arantes, op. cit., p.163).

do espírito, o espírito objetivo.[117] Que conclusões poderíamos tirar disso? A questão poderia ser colocada de outra maneira: o que ocorre, em Marx, com o terceiro momento do espírito, que contém a arte, a religião e a filosofia?[118] A tripartição hegeliana é admissível no registro do pensamento de Marx: há, para ele, a *lógica*, o *socioeconômico* e a *cultura*. Digamos que, transposto ao pensamento de Marx, cada momento permanece em grandes linhas o que era, mas que o lugar privilegiado da apresentação não se situa mais no nível da segunda negação (isto é, no terceiro momento), mas no nível da primeira (ou seja, no segundo momento). O ponto de apoio é o segundo momento. Caso se pudesse falar de um sistema marxiano, o sistema repousaria sobre ele. Se mostrei, anteriormente, num outro contexto (o da apresentação interna do livro I de *O capital*), que havia lá um rearranjo do terceiro momento (o da negação da negação), o qual, por isso, se apresentava como *negativo*, havia também, em certo sentido, um privilégio do segundo momento, isto é, da primeira negação. As duas respostas seriam contraditórias? Sob um aspecto, há convergência: nos dois casos, a *negação é privilegiada*. Na realidade, em um deles, privilegia-se o segundo momento, que é, em si mesmo, negativo; no outro, remaneja-se a negação da negação, tornando-a negativa. Poder-se-ia dizer,

---

117 No interior do espírito objetivo ele pertenceria à vida ética (*Sittlichkeit*) que se segue ao direito (abstrato) e à moralidade (*Moralität*); no interior da vida ética, ele se situaria no nível da sociedade civil burguesa (*bürgerliche Geselschaft*), entre a família e o Estado.

118 Observemos que, em Hegel, a filosofia, que pode ser considerada como a culminação do Sistema, pertence ao terceiro momento, mas, como lógica, ela constitui o primeiro. Enquanto filosofia "pura", ela ocupa o primeiro e o terceiro momento, mas não o segundo.

de forma geral, que a dialética de Marx desenvolve uma segunda negação no registro da primeira. E que a dialética de Marx desenvolva a negação da negação no registro da negação, isso significa que a negação da negação conserva sempre uma relação para com a finitude.

Mas a superposição do *corpus* marxiano ao sistema hegeliano (no caso, ao Espírito na *Enciclopédia*) permite também uma outra leitura. Se o capital se situa no segundo momento, o espírito objetivo, pode-se dizer que, do ponto de vista marxiano, o que era o terceiro momento na apresentação hegeliana, a cultura, é na realidade inerente ao segundo. Não há terceiro momento. A apresentação de *O capital* nos seus diversos momentos é o ponto de chegada. Para além dele, viria no plano subjetivo um equivalente de uma "filosofia prática". No plano objetivo, o destino histórico de *O capital*, e em geral a reflexão sobre a política e a história futura. Aqui caberiam algumas considerações não só no plano do paralelo entre Marx e Hegel, mas também no do paralelo entre Marx e Kant.

A "filosofia prática" de Marx não tem muito a ver com a de Kant, no sentido de que no primeiro caso não vamos encontrar uma ética (mesmo se as relações entre o pensamento de Marx e a ética sejam mais complicadas do que se supõe). No fundo, mais do que a Segunda Crítica kantiana, poderia interessar aqui a Terceira, assim como a filosofia da história de Kant. Interessaria em particular, atravessando as três críticas, a distinção entre o constitutivo e o regulador (como também a que ele estabelece entre o reflexionante e o determinante).

Em que medida se poderia aproximar a visão da história futura em Marx, da maneira pela qual Kant pensa o futuro histórico? A julgar pelo menos por *Ideia de uma história universal do ponto de vista cosmopolita*, a antevisão do futuro se apresenta em Kant como um saber de ordem reguladora e não constitutiva. Ora, em Marx, pelo menos seguindo os melhores textos, o futuro histórico, e o comunismo em particular, não é objeto de um saber propriamente assertórico, o que permitiria aproximar esse saber do conhecimento da história futura em Kant. Por outro lado, há um outro ponto que permitiria também, eventualmente, uma aproximação. Marx tem uma atitude cautelosa no que se refere à possibilidade de tematização (ou seja, de posição) do comunismo. Ele permanece como uma espécie de esquema. Haveria aí também razões para aproximar Marx de Kant? Observe-se, a propósito do primeiro ponto, que se, em Marx, o saber do futuro não pode ser apodítico e, a rigor, nem mesmo assertórico, é porque o futuro é pensado como resultado de um projeto. E, pelo menos nos melhores textos de Marx, não se exclui a possibilidade de que esse projeto venha a falhar. Estas *não* são as razões do caráter regulador do saber sobre a história futura em Kant. De resto, não se trata nem de indução nem de analogia, nem de fé racional, nem se instaura uma exigência de prolongamento *ad infinitum* à maneira de Kant, mas esse "saber" também não é, a rigor, "constitutivo" (caminho pelo qual enveredou o "marxismo vulgar"), precisamente na medida em que, pelo menos nos melhores textos, desponta a ideia do comunismo como um *projeto*. Quanto à não posição do "fim" (no caso de Marx, do comunismo),[119] ele deriva de uma dialética interna à

---

119 O discurso sobre o comunismo só pode ser *pressuposto*, porque a posição dos fins implicaria a autonegação deles. Isto porque da produção dos fins resultaria a emergência de uma camada de sentido *posta*, de conteúdo moral ou utópico, que provocaria um *bloqueio* no

atividade prática e ao saber prático, que analisei alhures,[120] dialética que tem muito mais a ver com Hegel do que com Kant. Assim, se há de algum modo uma recusa do regime modal apodítico, mas também assertórico, em relação ao saber sobre o futuro histórico tanto em Marx como em Kant, as razões são muito diferentes, e não se pode ir muito longe na aproximação, embora ela seja certamente fecunda.

Quanto a *avaliar* a visão da história futura por Marx (mesmo fazendo abstração da questão do conteúdo do comunismo e da sua "desejabilidade") relativamente à de Kant, creio que é lícito dizer que a visão kantiana parece hoje bem mais "razoável" do que a marxiana. No sentido de que, se é verdade que o caráter problemático do futuro, diferentemente do que ocorre em Kant, vem, em Marx, da presença maior de um projeto prático, poderíamos dizer que essa problematicidade é muito mais fraca do que a que introduz Kant, quando pensa a filosofia da história

---

movimento de efetivação dos fins. Ver meu texto "Dialética marxista, humanismo, anti-humanismo" em MLP, v.I, e "Sobre a política de Marx", em *A esquerda difícil...*, op. cit.

120 Esse projeto prático (ou crítico prático) foi pensado, tradicionalmente, à luz de *A ideologia alemã*, mobilizando a noção de "práxis". O inconveniente dessa posição é que ela vincula mais do que é admissível a teoria à prática. Na realidade, há (ou deve haver) descontinuidade, o que significa, precisamente, que o discurso teórico não é o *fundamento* (*Grund*) da prática. Entretanto, ele é de certo modo *base* (*Grundlage*). E é nesse sentido que o projeto prático não tem como fundamento uma exigência moral ou um ideal político, mas se constrói *com base* em um discurso teórico-crítico. Prolongarei essa discussão, que ultrapassa o quadro da questão *Capital/Lógica*, na seção seguinte, que tratará do problema da finalidade (ver também "Sobre a política de Marx", em *A esquerda difícil...*, op. cit.).

num registro que ele chama de "regulador". Não há certeza, é verdade – pelo menos segundo os "melhores" textos –, de que o comunismo "virá". Entretanto, a probabilidade da sua realização é, digamos, muito alta. De tal forma que somos quase levados a dizer que o comunismo em Marx não tem um estatuto regulador, mas constitutivo, pelo menos quase constitutivo. (*A fortiori* na tradição marxista, na qual o advento do comunismo se transforma sem mais numa certeza.) Há, a meu ver, um retrocesso nessa passagem. Marx aparece aí, de qualquer forma, como um dogmático, diante de um Kant crítico. Na mesma ordem de ideias, poderíamos lembrar que Marx afirma em *O capital* que o comunismo representa uma "negação da negação".[121] Voltamos assim a esse tema. Mas aqui, diferentemente dos outros *topoi* que vimos anteriormente, Marx parece se aproximar perigosamente do sistema hegeliano, e naquilo que ele tem, precisamente, de mais dogmático. A história (ou antes o que ele chama de "pré-história") termina em Marx com um momento positivo (mesmo se é necessário pensar um movimento para além dele, porém ele é, de qualquer forma, um "marco") que tem muito dos "absolutos" com que terminam as obras de Hegel ("saber absoluto", "Ideia absoluta", "espírito absoluto"). Aqui, como em Hegel, e contra os textos vistos anteriormente, o terceiro momento é privilegiado, e não vem afetado pela negação. Assim, o Marx pós-hegeliano e crítico de Hegel parece cair, aqui, *logicamente*, num Marx neohegeliano e dogmático.

Sem dúvida, Hegel se refere a esse momento mais elevado – trata-se justamente dessa negação da negação como momento

---

121 Ver W, v.23; K, v.I, p.791; C (L), p.856.

do Sistema, quer ela remeta ao espírito absoluto, à Ideia absoluta, ou ao saber absoluto – em termos que não são unívocos. Às vezes – na *Filosofia do direito* – esse momento ainda remete à *dialética*,[122] às vezes – no "Conceito preliminar" da *Enciclopédia* – ele é chamado de "especulativo", em oposição ao segundo que, então, é o único "dialético".[123] Nas duas versões, o momento

---

122 "O princípio motor do conceito, enquanto não dissolve somente as particularizações do universal, mas as produz ele mesmo, eu o chamo de *dialética – dialética* então não no sentido de que ele dissolve, confunde, conduz aqui e ali à consciência imediata um objeto, uma proposição etc. dados ao sentimento –, procurando somente produzir seu contrário – um modo negativo, tal como aparece frequentemente também em Platão. Esse modo pode considerar como seu resultado último o contrário de uma representação, seja [de um modo] decidido, como [faz] o ceticismo antigo, a contraditória desta, seja, de uma maneira mais pálida, uma *aproximação* da verdade, meia medida moderna. A *dialética* mais alta do conceito não [consiste] em [produzir] a determinação apenas enquanto obstáculo e contrário, mas produz e concebe a partir dela o conteúdo e o resultado *positivo*, só por meio do qual ela é *desenvolvimento* e progressão imanente. Essa *dialética* não é, portanto, um fazer *externo* de um pensamento subjetivo, mas a *alma mesma* do conteúdo [...]. aqui é o espírito na sua liberdade o ponto mais elevado da razão consciente-de-si, que se dá efetividade e se produz como mundo existente" (Hegel, *Grundlinien der Philosophie des Rechts*, op. cit., §31, p.84-5; *Principes de la Philosophie du Droit*, op. cit., p.55, sublinho apenas "dialética", texto indicado por Lebrun em *La Patience du concept*, op. cit., p.332).

123 No "Conceito preliminar" da *Enciclopédia*, Hegel distingue três "lados" do lógico (*das Logiche*): "O abstrato ou o que remete ao entendimento [*Verständig*], [...] a dialética ou negativamente-racional [*negativ-vernünftige*], [...] e o especulativo ou positivamente racional [*positiv-vernünftige*]" (*Enz.*, v.I (1830), §79, p.168; *Enc.*, v.I, p.342). Deixemos de lado o primeiro momento, o do entendimento, e ve-

final contém um *resultado* positivo de um processo negativo. Mas a versão da *Filosofia do direito* acentua mais a negação do que

jamos como Hegel define a dialética e a especulação. "O momento *dialético* é a própria autossupressão de tais determinações finitas, e a sua passagem [*Übergehen*] no seu oposto" (*Enz.*, v.I (1830), §81, p.172; *Enc.*, v.I, p.343, grifo de Hegel). "A dialética é [...] essa ultrapassagem [*Hinausgehen*] *imanente* na qual a natureza unilateral e limitada das determinações do entendimento se expõe como o que ela é, a saber, como sua negação [...] O dialético [*das Dialektische*] constitui [...] a alma motriz da progressão científica, e ela é o princípio pelo qual só uma *conexão e uma necessidade imanentes* atinge o conteúdo da ciência, do mesmo modo que nele reside a elevação [*Erhebung*] verdadeira, não exterior, por sobre o finito" (*Enz.*, v.I (1830), §81, p.172-3; *Enc.*, v.I, p.344, grifos de Hegel). Nos adendos, lê-se ainda a propósito dessa dialética "o que está mais próximo [da verdade] é que o finito não é limitado simplesmente de fora, mas se suprime por sua própria natureza e *por si mesmo passa no seu contrário*" (*Enz.*, v.I (1830), §81, p.173; *Enc.*, v.I, p.513, grifos meus). "Nos tempos modernos, é sobretudo Kant quem relembrou a dialética e a restabeleceu em sua dignidade, e isto através da realização [*Durchfürung*] [...] do que se chama antinomias da razão, onde não se trata de modo algum de um simples ir-e-vir por meio de razões, nem de um simples agir subjetivo, mas, na realidade, de mostrar como toda determinação do entendimento abstrato, tomada apenas tal como ela se dá a si mesma, *se interverte* [*umschlägt*] *imediatamente no seu oposto*" (*Enz.*, v.I (1830), §81, p.174; *Enc.*, v.I, p.514, grifos meus). "No que concerne à presença da dialética no mundo do espírito e, mais precisamente, no domínio que diz respeito ao direito e à ética, não há a necessidade, aqui, de lembrar como, conforme a experiência universal, o grau extremo de um estado ou de um agir *se interverte habitualmente no seu oposto*" (*Enz.*, v.I (1830), §82, p.175; *Enc.*, v.I, p.515, grifos meus). À dialética se opõe o especulativo: "O *especulativo* ou *positivamente-racional* apreende a unidade das determinações sem sua oposição, o *afirmativo* que está contido na resolução e na passagem [*Übergehen*] delas" (*Enz.*, v.I (1830), §82,

a da *Enciclopédia*. Entretanto, no que se refere à relação Marx/Hegel, a ambiguidade da leitura que Hegel faz da dialética mais alta não nos leva muito longe, no sentido de que não constitui uma dificuldade. Se privilegiarmos o texto da *Filosofia do direito*, o comunismo marxiano aparece como a verdade da *dialética positiva*; se tomarmos o texto da *Enciclopédia*, ele é a verdade da *especulação hegeliana*.

Entretanto, é verdade que, rigorosamente (e apesar do que diz aqui apenas o marxismo vulgar e o hegelianismo vulgar), tal como a negação da negação hegeliana, o comunismo representaria a esfera da liberdade como esfera *oposta* à da necessidade. Tanto em Marx quanto em Hegel, e contrariamente a uma fórmula engelsiana de teor espinosano, a liberdade não é "a intelecção da necessidade".[124] Encontra-se nas *Lições sobre a filosofia da religião* uma fórmula que expressa perfeitamente o estatuto da liberdade, fórmula que é válida não somente para Hegel mas também para Marx: "A liberdade é a *verdade* da necessidade".[125] É no terceiro momento que a liberdade emerge como verdade

---

p.176; *Enc.*, v.I, p.344, grifos meus). Assim, o terceiro momento não remeteria mais à dialética. A propósito desse duplo sentido do terceiro momento, ver os comentários de Bourgeois na sua introdução à *Filosofia do espírito*. A edição de 1827 da *Enciclopédia* estaria mais próxima da ideia do conceito como *especulação*, as de 1817 e de 1830 (aqui convergentes) seriam mais próximas da ideia de uma *dialética* do conceito mais elevado.

124 Béatrice Longuenesse assinala corretamente esse ponto em *Hegel et la critique de la métaphysique*, p.201.

125 "Mas a necessidade se aprofunda [*vertieft*] no *conceito*: ela, a liberdade, é a verdade da necessidade", Hegel, *Vorlesungen über die Philosophie der Religion*, v.II, (*Werke*, v.17), p.157. Bem entendido, a negação da necessidade pela liberdade não é uma negação abstrata.

da necessidade, quer se trate da negação da negação hegeliana ou do comunismo marxiano (para este último, enquanto reino da liberdade, ver o texto bem conhecido do livro III de *O capital* sobre a limitação da jornada de trabalho, em que precisamente a esfera da liberdade aparece situada para além da necessidade, isto é, para além do trabalho).

9 – Hegel, Marx e a finalidade

A problemática do tempo me levou a retomar a questão da negação da negação (como momento do sistema), e esta conduziu à temática do projeto político de Marx e do estatuto dos "objetivos" da história, no pensamento marxiano. Retomo, com um enfoque diferente, uma parte dessas questões, no quadro de uma discussão *sintética* sobre a finalidade histórica em Marx e Hegel.[126]

Hegel fala, com admiração, da crítica kantiana à finalidade externa,[127] apesar de criticar o caráter simplesmente reflexionante da finalidade kantiana.[128] Mas como se situa Hegel diante da *ideia* kantiana de uma finalidade na história?

---

126 A propósito, ver também meu texto "Para uma crítica da apresentação marxista da história...", assim como "Pressuposição e posição...", em *Recherches sur la formation et la portée...*, op. cit.; e também em MLP, v.II; além de "Sobre a política de Marx" em *A esquerda difícil*, op. cit.

127 Ver, por exemplo, WL, v.II, p.387; L, v.III, p.251; e a *Enciclopédia de Heidelberg, Enziklopädie der philosophischen Wissenschaften im Grundrisse*, §145, *Anmerkung*, em *Sämtliche Werke*, editadas por Hermann Glockner, Stuttgart, Friedrich Fromann Verlag, v.6, 1988, p.125-6.

128 Ver o que Hegel escreve sobre a *Crítica da Faculdade de Julgar*, nas suas *Lições sobre a História da Filosofia, Vorlesungen über die Geschichte der Philosophie III*, (Werke 20), p.372 ss.

O capital *e a* Lógica *de Hegel*

Aparentemente – escreve Paulo Arantes[129] –, Hegel "agrava" o modelo clássico de um artesão divino providencial, o que significa não somente que ele "reforçaria" o papel da finalidade, mas que iria até mesmo restabelecer os direitos da finalidade externa.[130] Não obstante, uma análise mais precisa tanto dos textos de Kant quanto dos de Hegel nos leva – é o resultado a que chega o mesmo autor – a outras conclusões. Hegel imputa a Kant, apesar de tudo, uma dependência em relação à finalidade externa, em matéria de historicidade.[131] E longe de agravar a presença do modelo clássico da finalidade, a dialética hegeliana – para a qual todo plano *prévio é indizível* (aproximadamente, inexistente) antes de sua efetivação, só com a qual pode haver apresentação:[132] o futuro é não efetivo

---

129 Arantes, op. cit., p.221.

130 Arantes cita, nesse contexto, uma passagem do adendo ao §229 da pequena *Lógica*: "Pode-se dizer, nesse sentido, que a providência divina [*gottliche Vorsehung*], em face do mundo e do seu processo [...], se comporta como a astúcia absoluta. Deus deixa os homens agirem com suas paixões e interesses particulares, e o que se produz, através disso, é a realização das intenções *dele*, que são algo distinto daquilo com vistas ao qual se empenharam, inicialmente, aqueles de que ele se serve, na circunstância" (*Enz.*, v.I, §209, Zusatz, p.365; *Enc.*, v.I, p.614, grifo de Hegel, citado por Arantes, op. cit., p.221*n*.).

131 Hegel imputa a Kant, apesar de tudo, uma dependência em relação à finalidade externa, em matéria de historicidade. Ver *Vorlesungen über die Geschichte der Philosophie III*, op. cit., p.382: "o bem universal, o fim último [*Endzweck*] universal, enquanto *fim último do mundo*, só pode ser atingido [em Kant, R. F.] por um *terceiro*. E essa força sobre o mundo que tem como fim último o bem no mundo é Deus" (grifei "terceiro").

132 "A propósito disso, no entanto, eu me expliquei desde o começo e afirmei nossa *pressuposição* (que, contudo, *somente ao fim* deve se dar

e não apresentável – reabsorve, de algum modo, a "finalidade" na racionalidade histórica, ela mesma. O que significa: o plano da história só se *constitui* pela própria história. No limite, isso remete a "realizar" a finalidade, até a sua "consumação". No entanto, a finalidade não é eliminada. Ela se interioriza radicalmente. E permanece como finalidade *retrospectiva*.

Tentemos, agora, estudar as relações entre essa finalidade hegeliana e o conjunto da apresentação marxista da história, sem privilegiar a questão do comunismo, à qual voltarei no final.

No que diz respeito a Hegel, seria necessário acrescentar, ainda, o seguinte. Se há uma finalidade retrospectiva da totalidade, a finalidade de cada forma histórica aparece como *negativa*. Não só no sentido geral, evidente, a saber, o de que cada forma só serve à finalidade global enquanto "momento" do todo, mas, mais precisamente, no sentido de que a realização do princípio de cada forma é ao mesmo tempo a sua morte. "A determinação [*Bestimmung*] das coisas finitas não é nada mais que o seu fim [*Ende*]".[133] "[...] a hora de seu nascimento é a hora de sua morte."[134]

---

como resultado) e nossa crença [*Glauben*] de que a razão governa o mundo e, por conseguinte, *também governou* a história do mundo" (*Vorlesungen über die Philosophie der Geschichte* em *Werke*, v.12, p.40; *Leçons sur la philosophie de l'histoire*, p.32).

133 WL, v.I, p.117, citado por Arantes, op. cit., p.76.

134 WL, v.I, p.117. Vimos que a relação entre a morte e a vida (e a eternidade) das formas aparece também no plano propriamente histórico na ideia de que apenas as formas históricas que morrem (ou que morrem por um processo "orgânico") se eternizam; as que sobrevivem, ou que morrem por um processo externo, não se incorporam à totalidade do Espírito. (Ver, a respeito, Arantes, op. cit., segunda parte, caps.I e II.)

O capital *e a* Lógica *de Hegel*

Esse conceito negativo da finalidade das formas particulares pode nos levar a Marx. Com efeito, a finalidade que se encontra em Marx é a das leis internas dos modos de produção, leis específicas que, realizando cada vez um princípio, determinam por isso mesmo a morte de cada forma. Essa finalidade negativa põe o problema de saber como se encadeia a morte determinada de cada forma social com o nascimento da forma que a sucede. Falta, pois, analisar o teor da finalidade negativa em Marx, em particular como ele encadeia as formas históricas, para saber em que medida sua resposta coincide com a de Hegel. E, a partir daí, temos de ver o estatuto do "conjunto da história" em Marx.

Sem dúvida, um traço comum a Marx e Hegel é que cada forma é a *negação* da outra.[135] A esse propósito, a diferença entre Hegel e Marx não reside, pois, na natureza da relação entre as formas; mas ela poderia residir no caráter da *passagem* de uma à outra. Entretanto, dado o fato de que a oposição entre as formas é admitida pelos dois autores, é preciso partir de uma ideia comum: há ruptura.[136] No entanto, as diferenças não são

---

135 Sob esse aspecto, e mesmo se ele assinala o papel da negação, talvez se possa perguntar se não há certa ambiguidade na noção de "temporalidade cumulativa", empregada por Paulo Arantes na obra a que me refiro. Como o autor assinala, a noção de "temporalidade cumulativa" provém de Althusser pela mediação de R. Debray. Pergunto-me se, não obstante sua crítica da leitura althusseriana do hegelianismo, Arantes não aceitou uma noção um pouco carregada demais de positividade para poder dar conta do caráter, sem dúvida cumulativo, mas também negativo (o que quer dizer, ao mesmo tempo cumulativo e "não" cumulativo) da história hegeliana.

136 Ver, a esse propósito, no plano lógico, principalmente os textos da lógica da medida, lá onde se trata do tema clássico, frequentemente banalizado, do salto qualitativo (WL, v.I, p.382; L, v.I, p.339-40).

menos evidentes. No esquema hegeliano, a descontinuidade, real, se inscreve diretamente na continuidade. Assim, mesmo se o caráter inovador do processo histórico se distingue da monotonia do processo biológico, a imagem do fruto que contém a semente é suscetível de uma transposição bastante precisa. Hegel escreve, a propósito da impotência da vida: "Com o germe começa a planta: esta se desenvolve para produzi-lo. Mas é a impotência da vida [o fato] de que o germe é ao mesmo tempo começo e resultado do indivíduo, que, enquanto ponto de partida e resultado, ele é diferente e, contudo, idêntico, produto de um indivíduo e começo do outro. Esses dois aspectos nele se separam [*fallen... auseinander*], do mesmo modo que a forma da simplicidade no germe [se separa] do curso do desenvolvimento na planta".[137] A impotência reside, aqui, não no fato de que o germe seja ao mesmo tempo o resultado e o início (e que, enquanto início, ele se prolongue na fruta, que é o resultado), mas na identidade genérica dos dois indivíduos, assim como em sua separação (o que quer dizer, na ausência de *qualquer* acumulação). No entanto, a propósito da história, a saber, da passagem de um povo a outro, reaparece a continuidade – mesmo se se trata de uma continuidade de "oposição" – entre o fim e o começo, entre a fruta e o germe:

O espírito popular determinado de um povo é somente um indivíduo na marcha da história universal. A vida de cada povo faz amadurecer um fruto; pois sua atividade visa realizar inteiramente o seu princípio. Mas esse fruto não recai no ventre em

---

137 Die Vernunft in der Geschichte, em *Sämtliche Werke*, v.VIII, p.35, citado por Arantes, op. cit., p.171-2, n.2.

O capital *e a* Lógica *de Hegel*

que foi produzido, não cabe a este desfrutá-lo. Pelo contrário, essa fruta se torna para ele uma bebida amarga; ele não a pode rejeitar, pois tem uma sede infinita, mas provar dessa bebida é sua ruína e, no entanto, ao mesmo tempo o advento [*Aufgeben*] de um novo princípio. A fruta se torna de novo germe, mas germe de um outro povo que o fará amadurecer.[138]

Ora, em Marx, se há também tanto continuidade quanto descontinuidade, a última não se inscreve mais na primeira. Se se quiser introduzir a metáfora da fruta e da semente, ela deveria funcionar da seguinte maneira: a planta se desenvolve, produz frutas, e então as frutas e a própria planta, apodrecem. Esse apodrecimento vai constituir um certo *solo*. Nesse solo, onde a contingência é *posta* e a necessidade *pressuposta*, nasce, digamos, por geração espontânea, um novo germe. (Isso para os melhores textos de Marx; há outros que são continuístas, como o do prefácio à *Contribuição à crítica da economia política*.)[139] Assim, o germe depende da fruta, mas ele não é o germe da fruta, mas um germe radicalmente novo; e o apodrecimento da fruta, assim como a morte da planta, não são mais do que uma *condição necessária* do processo. Vê-se, de uma maneira geral, que tanto em Marx quanto em Hegel a forma anterior é a *pressuposição* da nova forma (o que, nos dois casos, supõe a morte daquela). Mas, em Marx, *é propriamente a morte da forma anterior que é a pressuposição da nova forma; ao passo que em Hegel a pressuposição*

---

138 Ibid., p.50.
139 Ver meu comentário desse texto em *Recherches sur la formation et la portée...*, v.I, p.96 ss.; e em MLP, v.II, p.92 ss.

é, a rigor, a forma anterior ela mesma (a morte desta é mais que uma pressuposição, *ela é* o nascimento da nova forma).

E se há uma tal descontinuidade entre as formas, descontinuidade que inclui um espaço de contingência, não deveria existir, em Marx, uma finalidade global da história, nem mesmo um determinismo *global*. Se há determinismo e mesmo finalidade, eles só podem ser interiores e próprios a cada forma, a cada modo de produção. No nível do conjunto, só se poderia ter um esquema *pressuposto*. Tal é, de resto, a resposta que obtemos, sem dúvida, se partirmos dos textos mais fortes (penso, entre outros, em "Formas que precedem a produção capitalista") *e se pusermos entre parênteses a situação contemporânea*, tanto a de Marx quanto a nossa, isto é, o problema da passagem do capitalismo para seu além (para Marx, a passagem ao que ele chamava de comunismo). Porque, se considerarmos o caso do futuro – para o qual, contrariamente ao que ocorria para as transições anteriores, uma eventual ruptura do determinismo deveria ser, em princípio, mais uma questão de liberdade do que de contingência –, a questão se complica. Se em Hegel a finalidade negativa se articula com uma finalidade positiva interna retrospectiva, em Marx a sombra de uma finalidade positiva paira sobre o movimento que, do capitalismo, deveria conduzir àquilo que ele chamava de comunismo. Com efeito, se o comunismo, tal como Marx o pensava, aparecia, sem dúvida, como *projeto*, isto é, enquanto empresa de liberdade na base de certas condições, tudo se passa, no entanto, como se a escolha desse caminho de *liberdade* fosse mais ou menos inevitável. Na realidade, se, para Marx, as condições de possibilidade do comunismo são condições necessárias e não suficientes, elas não são menos do que isso: são, aproximadamente, condições *exclusivas*. Isto quer dizer que, uma vez dadas essas condições, mesmo se de fato poderíamos pensar em um impasse da humanidade no capitalismo, ou ainda em um retorno à barbárie, e até na destruição da humanidade, seria preciso excluir a possibilidade de que poderia surgir de tais condições uma terceira forma social diferente tanto do capitalismo quanto do comunismo tal como ele o via. Nesse sentido, há em Marx a emergência de uma finalidade, ainda que, de direito, ela nasceria da liberdade ou na liberdade. Entretanto, para além do que escreve Marx, se essas condições não se revelassem, historicamente, como de fato não se revelaram, essa finalidade na liberdade corria o risco de se transfigurar em causalidade final e em "finalismo". Foi o que aconteceu. A história do século XX – que, no entanto, repõe constantemente a exigência de uma crítica do capitalismo e assim traz à tona o núcleo da crítica marxista desse "modo de produção" – não cessou de mostrar a realidade (ilegítima) de uma derrapagem desse tipo. Derrapagem que mostra como o marxismo, ou uma versão dele, pode ser instrumentalizado como ideologia da "terceira forma social", a sociedade burocrático-totalitária.[140]

10 – Conclusões

Haveria dois tipos de conclusão a tirar. As que se referem propriamente ao nosso assunto, a saber, a relação entre a teoria de Marx (em particular *O capital*) e a *Lógica* de Hegel, e as que se poderiam tirar em termos de uma leitura global – incluindo a política – da relação entre os dois pensadores, na esteira do

---

140 Ver a respeito em "Sobre a política de Marx", em *A esquerda difícil*, op. cit.

que foi dito nas últimas duas seções. É o primeiro ponto que será o objeto das minhas conclusões. No entanto, esboçarei também algumas considerações de ordem mais geral.

Duas ideias se sobressaem dos desenvolvimentos precedentes. A dialética marxista aparece, em face da dialética hegeliana, tanto como uma dialética *limitada* quanto como uma dialética *negativa*. Como se apresentam esses dois aspectos? E em que medida eles são compatíveis?

Se pudermos falar de "limitação" como um traço característico da dialética marxista, essa limitação, como vimos, tem vários lados. Em sua forma mais geral, a limitação remete ao fato de que o objeto não se submete inteiramente à forma dialética. Existem regiões em que a apreensão do objeto só é possível pelo trabalho do entendimento. Mais do que isso, *o entendimento irrompe no interior da forma dialética*.

De um modo mais específico, há em primeiro lugar uma limitação objetiva das formas pela *matéria*. As formas se apresentam como inscritas na matéria. Se a dialética não se torna, com isso, "materialista", ela se mostra, por isso, ao menos como dialética de formas "não separadas". Por outro lado, mesmo as formas pertencentes à dialética "mais alta" estão fadadas à *corrupção* e, portanto, submetidas à *potência do tempo*.

No plano da *apresentação* geral da história, a "limitação" provém da descontinuidade objetiva da sucessão das formas: as transições são impensáveis sem fazer intervir a contingência, mesmo se, a partir desta, "nasce" a necessidade. Todos esses elementos implicam a presença do entendimento no interior da forma dialética, ou a sua irrupção no domínio desta. A matéria, a contingência, o próprio tempo na medida em que ele não é o lugar do conceito enquanto conceito, remetem mais ao entendimento do que à razão. Todos esses elementos estão presentes também na dialética hegeliana, mas de outro modo. De modo geral, pode-se dizer que, em Hegel, a forma dialética os domina.

Na dialética marxista, a relação entre razão e entendimento não é uma relação de continuidade, nem mesmo de continuidade na ruptura, como é o caso em Hegel. Essa relação não é harmoniosa. Entre o entendimento e a razão dialética há um equilíbrio instável *como se um invadisse a esfera do outro*. Isso permite à dialética marxista ser ao mesmo tempo a análise do sistema e sua crítica, o que não quer dizer que o entendimento e a razão repartam entre si essas duas tarefas.

Essa irrupção do entendimento no seio da forma dialética é também, como indiquei, emergência da imaginação ou, se quisermos, de um entendimento imaginativo, correlato da constituição de uma ordem imaginária no objeto. O objeto quase natural visado pelo discurso dialético pode ser considerado como sendo de ordem de um imaginário objetivo. É por isso que a dialética "imaginativa" de Hegel se torna *adequada* ao real e se revela racional.[141] Mas há, além deste (ou como desenvol-

---

141 Eu disse (ver n.87) que, menos do que uma descoberta do núcleo racional da dialética, Marx descobre o núcleo irracional do real. É pela adequação das duas irracionalidades, a de Hegel e a do real, que o discurso "irracional" de Hegel se revela racional. Marx só chega a esse resultado na obra de maturidade. Essa perspectiva não é, ainda, a da *Crítica da filosofia do direito de Hegel*. No entanto, não só o Marx da maturidade continua a criticar Hegel, mas sua crítica guarda ainda alguma coisa dos movimentos que se encontram na *Crítica da filosofia do direito de Hegel*. O que ficou? E o que não está mais presente? Tentei exprimir essa diferença *apelando para a distinção entre o nível sintático e o nível semântico*. Marx reconhece a racionalidade (ou

vimento deste) um outro imaginário social, que tem um sentido específico, o imaginário que se encontra descrito no final

---

a adequação) da *sintaxe* hegeliana. Ela corresponde aos movimentos "irracionais" do real. Mas os significantes hegelianos se mostram ainda abstratos (trata-se da "má abstração") e gerais (e não universais) e, nesse sentido, são *semanticamente* inadequados ao real (ver, a esse propósito, meu texto sobre o jovem Marx em MLP, v.I, cap.2, agora, em versão ampliada, em SL, ensaio 5). Se, relativamente a Marx, o hegelianismo escorrega do negativo ao positivo, ele desliza também da universalidade à generalidade. Marx não substitui a universalidade especulativa pela particularidade, mas a generalidade – em que descamba, *malgré lui*, o discurso especulativo – pela universalidade.

A propósito do tema do "misticismo" hegeliano a que me referi previamente, poder-se-ia ainda fazer as seguintes observações. É o próprio Hegel que afirma a coincidência entre o "místico" e o que ele considera como racional: "Em relação à significação do especulativo, deve-se ainda mencionar que se pode entender por tal coisa o que, antigamente, sobretudo em relação à consciência religiosa e seu conteúdo, se costumava designar como o *místico* [*das Mystiche*]. Quando, em nossos dias, se trata do místico, este passa por ser [*gilt*], em regra geral, sinônimo do misterioso e do inconcebível [...]. A esse respeito, pode-se, antes de mais nada observar que, se *o místico é, certamente, algo de misterioso,* [*ele o é*] *somente para o entendimento,* e isto simplesmente porque a identidade abstrata é o princípio do entendimento, ao passo que *o místico (na medida em que tem a mesma significação do especulativo) é a unidade concreta dessas determinações* que, para o entendimento, só valem como verdadeiras em suas separações e oposição. [...] *Tudo aquilo que é racional pode, por conseguinte, ser ao mesmo tempo designado como místico* [tudo o que é racional é místico, R.F.], e com isso se diz apenas que este vai além do entendimento, e de modo algum que, tudo somado, ele deveria ser considerado como inacessível e inconcebível para o pensamento" (*Enz.*, v.I (1830), §82; *Zu.*, p.178-9; *Enc.*, p.177-8, grifos meus, exceto em "*das Mystiche*"). Hegel atribui, assim, ao "místico" um sentido positivo, lendo-o

do livro III. O objeto, aqui, é propriamente ilusório, mesmo se essa ilusão se inscreve ainda uma vez no real. É como se o objeto da razão dialética se *misturasse* com o do entendimento: o imaginário emerge no seu ponto de intersecção. O quase natural, objeto da razão dialética, é projetado sobre o natural, objeto do entendimento. Dado que a dialética exige uma adequação estrita ao objeto – a apreensão de um objeto imagina-

---

como o não *verständige*, aquilo que não é da ordem do entendimento, e não como o não *vernünftige*, o irracional. O "místico" é o conceitual. Marx, que, na sua juventude, questionando racionalidade do especulativo, havia criticado o misticismo da dialética hegeliana a partir da identificação que, como vemos, é "confessa", entre o especulativo e o místico (digamos que, para Marx, Hegel não fazia mística especulativa, mas especulação mística), reabilita, na obra de maturidade, o místico enquanto determinação do objeto (a mercadoria é *sensível-suprassensível*, ela tem caprichos *metafísicos e teológicos* etc.). Mas, por outro lado – ver não somente o prefácio à segunda edição de *O capital*: "o lado mistificante da dialética hegeliana [...]. A mistificação que a dialética sofre nas mãos de Hegel [...] sua forma mistificada" (W, v.23; K, v.I, p.27; C (L), p.17), mas também algumas notas de *O capital*, em particular uma nota do livro III relativa ao desenvolvimento hegeliano da propriedade fundiária (W, v.25; K, v.III, p.629, n.26), –, Marx não abandona a crítica do caráter "geral" do conceito nem a de uma *certa* identificação do místico e do especulativo. A partir de tudo o que acabamos de ver, é preciso dizer que o "misticismo" hegeliano não é criticado porque ele se oporia, em geral, ao entendimento; é o caráter particular que assume essa oposição em Hegel que está em questão. Na realidade, a negação do entendimento que o "misticismo" opera é a negação abstrata, unilateral, pois lhe falta o movimento oposto, o contragolpe do entendimento, e por isso ele desliza para o não *vernünftige*, o irracional. Tal é o sentido da anfibolia semântica do discurso especulativo (a universalidade se torna generalidade), anfibolia que, como Marx já sugere em *A ideologia alemã*, é análoga à que é imputada por Hegel ao discurso filosófico de Schelling.

tivo deve mobilizar uma forma qualquer da imaginação –, a razão dialética se torna, aqui, entendimento imaginativo. Em termos clássicos, ou melhor, antigos, isso significa que a dialética, após ter percorrido um movimento ascendente, inicia um movimento descendente. Isto é, depois de um movimento que vai em direção às idealidades – aqui, contudo, as idealidades estão sempre *inscritas* na matéria –, se afunda na caverna. Porém, em Marx, a natureza é tão real quanto as formas, e as sombras não são as imagens das formas que se substituem aos originais, mas a mistura das formas e da natureza.

A dialética marxista se revela, por outro lado, como uma dialética negativa. A propósito desse segundo ponto existe, como vimos, dois aspectos a assinalar. Se pusermos a dialética marxiana sobre o fundo do sistema de Hegel – em particular a Filosofia do Espírito –, ela aparece privilegiando a primeira negação. O espírito objetivo se sobrepõe ao espírito absoluto. Por outro lado, vimos, na análise da inversão da lei de apropriação, que a negação da negação em *O capital* é marcada – diferentemente do que ocorre em Hegel – pela lógica do ser e pela lógica da essência.[142] Por isso, a segunda negação, a que

---

142 Considerei o movimento de interversão das relações de apropriação como conduzindo a um *Hintergrund*, como sintomático de uma ultrapassagem da dialética hegeliana em direção a uma nova forma de dialética, via um deslocamento do papel do entendimento. No entanto, na medida em que há várias leituras do *Grund*, poder-se-ia perguntar se esse movimento que nos conduz para além do hegelianismo, esse além-Hegel, iria efetivamente no sentido indicado. Ou ele iria antes na direção da leitura heideggeriana do princípio de razão (*Satz von Grund*)? Cf. Heidegger: "As razões que qualificam o ser do homem como ligado ao destino [*als geschichtlichen wesenhaft be-stimmen*] provêm do ser da razão [*Wesen des Grundes*]. É por isso que essas razões são *abissais* [*diese Gründe abgrundigen* (*sind*)]" (Heidegger, *Der Satz von Grund*,

deveria ser positiva, aparece, antes, como negativa. Então, ou a primeira negação prevalece sobre a segunda, ou esta se mostra na figura da primeira.

---

p.186; id., *Le Principe de raison*, p.106, grifos meus)). "Acentuado da segunda maneira, entendido então como princípio que concerne ao ser, o princípio de razão diz: Ser e razão: o Mesmo. Ser: *o abismo* [*der Abgrund*]. O princípio parece nos precipitar em um fosso sem fundo [*ins Bodenlose*]" (Heidegger, *Der Satz von Grund*, op. cit., p.105; *Le Principe de raison*, op. cit., p.144, grifos meus). O momento da interversão da lei de apropriação, a qual se poderia aproximar do princípio de razão, parece privilegiado para se estudar as relações entre Marx e Heidegger. Como em Heidegger, a passagem ao *Grund* – se a minha leitura for correta – constitui, em Marx, uma transgressão do discurso tradicional, representado em Marx, mas em parte também em Heidegger, pelo discurso hegeliano. No entanto, a passagem em Marx não conduz do ente ao ser nem significa um "desvelamento", ainda que o termo possa ser utilizado em referência a Marx, mas com uma outra conotação. Em Marx, vai-se em direção a alguma coisa que representa a unidade do conceito e da essência. Do ponto de vista heideggeriano, essa unidade seria, evidentemente, ôntica e não ontológica. Contudo, em Marx, ela não é, como se viu, de natureza antropológica, nem representa um simples retorno à essência enquanto fundamento. Nesse sentido, a noção de "ser" não estaria fora de contexto. De fato, volta-se ao ser. Sem dúvida, trata-se, por um lado, do ser como imediatidade, na esteira de Hegel, mas se atinge, ao mesmo tempo, o "ser" enquanto realidade ontológica do modo de produção capitalista. Ou seja, por um lado, o *Hintergrund* contém a unidade das determinações anteriores, o fundamento substancial que se tornou conceito e Sujeito é re-posto como *riqueza apropriada*, junto com o Trabalho, a fonte da apropriação; por outro lado, ele "desvela" a imediatidade verdadeira do sistema, os agentes são postos enquanto classes, mas ao mesmo tempo se está pelo menos no "limiar" da tematização da experiência vivida da alienação. Nesse sentido, o *Hintergrund* é a unidade do ser do fundamento – logo, da essência – e do conceito, um pouco a Ideia hegeliana –, mas como o "fundo" e o ser do objeto.

Mas em que medida essas duas ordens de resultados são compatíveis? Que a dialética seja limitada pelo entendimento isso parece indicar – na medida em que, em face da razão dialética, ele encarna a positividade – muito mais um reforço do positivo que um primado do negativo. As duas ordens de resultados seriam divergentes? Apesar das aparências, parece que se pode, sem forçar as conclusões, descobrir um movimento convergente. Se o entendimento é, antes, a ordem da identidade e do positivo e não o da não identidade e do negativo, ele se apresenta, ao mesmo tempo, como poder de divisão e força do negativo. O papel que o entendimento tem em Marx dá, certamente, à identidade um lugar que ela não tinha em Hegel, mas, ao mesmo tempo, na medida em que a irrupção do entendimento (e também das lógicas "anteriores" à do conceito) impede o fecho positivo do discurso dialético, o entendimento é portador de não identidade. É um pouco como se, em Marx, diferentemente do que se tem em Hegel, se encontrasse uma instância de identidade no momento da primeira negação, e uma instância de não identidade no momento da segunda. Em certa medida, é o entendimento que tem esse duplo papel, mesmo se, no segundo caso, as lógicas "pré-conceituais", as do ser e da essência, sejam, mais precisamente, o elemento determinante.[143]

---

143 Em que medida pode-se falar que as linguagens do ser da essência são mais próximas do entendimento do que da razão? A dificuldade aparece, entre outros aspectos, no fato de que a lógica do ser é a do devir. A lógica do devir é uma lógica do entendimento? Apesar de tudo, a aproximação entre entendimento e as lógicas pré-conceituais é, dentro de certos limites, válida. Enquanto não nos elevamos ao movimento-sujeito, ainda estamos – ou ainda podemos

O capital *e a* Lógica *de Hegel*

Nesse sentido, *a dialética de Marx se apresenta como unidade do dialético e do não dialético*[144] *a serviço da dialética.*

Se, em um nível propriamente teórico, a dialética de Marx aparece como limitada e negativa, no nível "prático", isto é, incorporando nela o projeto político, ela revela, em certo sentido, uma tendência oposta. A "história do futuro", que se encontra em Marx, parece, antes, romper com certos limites. Com efeito, se o futuro, em Hegel, não é, propriamente, o análogo da "coisa em si", como pretendiam certos jovens hegelianos, é verdade que o pensamento do futuro em Hegel não tem nem mesmo estatuto de pressuposição. Em Marx, o comunismo é um objetivo *pressuposto.* Mas seria necessário aprofundar essa oposição entre a limitação no plano teórico e a ruptura dos limites no plano prático. Fazendo uma leitura que, por ser em

----

estar – aquém da dialética. O entendimento tenta apreender, à sua maneira, o devir. Como assinalei, historicamente poder-se-ia dizer, parece, que grandes pensadores racionalistas chegam a algo como uma lógica da essência sem chegar, com isso, à lógica do conceito. Contudo, em Marx, a presença da lógica do ser e da lógica da essência no seio da lógica do conceito nos leva, antes, a uma nova versão da dialética.

144 Cf. Adorno, a propósito de Benjamin: "Precisamente, a grandeza das consequências pode assumir, apesar delas [*unversehens*], um caráter provincial. Os escritos de Benjamin são a tentativa de tornar filosoficamente fértil – por impulsos sempre renovados – tudo aquilo que não foi determinado por grandes intenções. Ele nos legou, como tarefa, não abandonar tal tentativa somente aos enigmas desconcertantes do pensamento, mas ir buscar [*einholen*] o não intencional [*Intentionslose*] por meio do conceito: a necessidade de pensar *ao mesmo tempo dialética e não dialeticamente*" (*Minima moralia: Reflexionen aus dem beschädigten Leben*, p.200-1; *Minima moralia: Réflexions sur la vie mutilée*, p.144; grifos meus).

certa medida tradicional ou pelo menos bem conhecida, não é por isso menos justa, pode-se dizer que a política de Marx restabelece, apesar de tudo, uma proximidade com o hegelianismo que seu pensamento teórico abala. A política de Marx redescobre uma negação da negação que não é marcada pela finitude. Claro, essa negação da negação se fará no plano da imanência histórica, e um intervalo temporal separa a primeira negação do fechamento do "sistema". Nada disso é muito hegeliano. E, no entanto, a emergência de uma positividade infinita faz pensar no Sistema. Em termos especulativos, Marx redescobre – para o melhor como para o pior – se não a potência positiva do tempo, pelo menos a do conceito inscrito no tempo. O tempo aparece como a mediação positiva entre dois universais concretos, o proletariado e o comunismo (a comunidade). Em lugar da supressão do tempo ("supressão", com ou sem aspas como no final da *Fenomenologia*), tem-se uma grande "mutação do regime do tempo" que, a partir de um tempo "pré-histórico", se torna tempo histórico. Essa mutação se opera pelo trabalho do primeiro universal concreto, porém esse trabalho se *inscreve* em um meio temporal. Vê-se que, aqui, os elementos que representavam as limitações do conceito (o tempo, a materialidade, o próprio entendimento) se tornam potências positivas que rompem os limites que eles mesmos tinham posto ao "conceito", isto é, aos universais concretos. A inscrição da dialética na materialidade acaba por dar a esta última a potência infinita do conceito. Se, no plano teórico, a dialética de Marx é uma dialética limitada e negativa, no plano prático ela é antes uma dialética positiva, sendo, de qualquer modo, nos dois casos, mais uma dialética "materializante" do que uma dialética materialista (a comunidade e seu movimento infinito são, à sua maneira, uma nova idealidade).[145]

***

Para concluir

O hegelianismo, como vimos, pode ser lido como unidade crítica da *Aufklärung* e da "superstição". A dialética marxiana se apresenta, também, como a crítica de uma e da outra, mas igualmente como crítica da dialética hegeliana. Marx retoma a crítica da *Aufklärung* (que nele aparece sob a forma da economia clássica) a partir de uma dialética herdada de Hegel, e é também a partir daí que Marx retoma a crítica da "superstição" (sob a figura da economia pré-clássica). De um lado, "superstição" e *Aufklärung* são reabilitadas. A primeira, porque a fetichização dos objetos, à qual ela procede, sua naturalização, merece uma (quase)justificação pelo fato de que eles têm, efetivamente, um caráter *quase natural*. O entendimento imaginativo que corresponde à "superstição" – ele é, ao mesmo tempo, uma das figuras da razão romântica – não aparece, assim, como puramente enganador (ele já não o era em Hegel, mas seu lugar é, de todo modo, modificado). Quanto à economia *aufgeklärte* (iluminada) que representa o entendimento abstrato, a convencionalização das relações sociais, que está em sua base, mesmo se ela acaba por inverter a leitura, recebe também uma

---

145 Topamos aqui com essa grande tarefa teórica que é a crítica da política de Marx. O meu ensaio, já citado, incluído em *A esquerda difícil*, op. cit., desenvolve alguns dos seus pontos principais.

quase justificação, pelas mesmas razões: o objeto é apenas *quase* natural. Por outro lado, a razão dialética, em sua forma hegeliana, também é submetida à crítica. O hegelianismo é lido, às vezes, como um análogo da *Aufklärung* (ver *Manuscritos de 1844*), às vezes como um produto de uma espécie de entendimento imaginativo: Marx justifica a "imaginação" hegeliana pelo objeto, mas sob outros aspectos ele a critica sempre. Fica, assim, uma crítica *semântica* do hegelianismo em meio a uma reabilitação de sua *sintaxe*. O espírito hegeliano escapa do dilema do natural e do convencional, mas em proveito de uma dialética das formas "separadas" que corre o risco de deslizar do quase natural ao supranatural. É, em certa medida, com as armas da *Aufklärung* que Marx procede a esse remanejamento da dialética.

O objeto não será mais pensado como natural, nem como convencional, nem como supranatural; o discurso suscetível de o apreender se constitui tanto a partir da dialética quanto a partir do entendimento, e isso tanto do ponto de vista sintático quanto do ponto de vista semântico. Sobre o pano de fundo da linguagem do entendimento da economia política, tomando emprestado seu vocabulário (valor de uso, valor de troca, capital circulante), assim como a sua sintaxe (há identidades de entendimento em *O capital*), introduz-se um léxico e uma sintaxe de ordem dialética (para o primeiro, por exemplo, os conceitos de trabalho abstrato, que exprime um universal concreto, e o de capital variável, que denota uma significação em fluxo;[146] para a última, por exemplo, os conceitos de "inversão" e "contradição"). Mas a relação entre entendimento

---

146 Ver, a esse propósito, Fausto, *Sur le concept de capital*, op. cit. Agora, em forma modificada, em MLP, v.III, ensaio II.

e razão está condicionada pelas exigências do objeto e não é suscetível de nenhuma determinação mais precisa.

A dialética hegeliana é atingida por uma nova negatividade que a impede de recair no positivo. Mas essa nova exigência de negatividade se serve, paradoxalmente, do entendimento, que funciona aqui como potência negativa. Isso permite à nova dialética ser ao mesmo tempo dialética e ciência – digamos – positiva, aquilo que o hegelianismo não é.

Lida sobre o pano de fundo da dialética hegeliana, e, mais precisamente, sobre o fundo do Sistema hegeliano, a dialética marxiana opera um remanejamento que conduz a uma série de deslocamentos: a *Lógica* e a *Fenomenologia do espírito* (mas uma *Fenomenologia* lida em retrospectiva) se intersectam; *O capital* termina com *a coisa e a ilusão*; a *Lógica* é levada ao nível das ciências filosóficas reais, em particular à filosofia do espírito (*O capital*, análogo da *Lógica*, tem como objeto o "espírito objetivo"). Finalmente, é preciso ler, em um mesmo registro, as ciências filosóficas reais (em particular as do espírito) e as ciências positivas (reconhecidas pelo Sistema, mas colocadas fora dele). Deslocam-se, assim, todos os elementos do Sistema, e ali se introduz um domínio de objetos que ele reconhecia, mas que lhe era exterior.

A dialética marxiana remaneja a relação entre razão, entendimento e imaginação. Ela se ordena em torno das noções de *quase natural*, de *crítica*, de *ideologia*, de *materialidade*, e… de *economia política*. Entre esses conceitos, resta analisar apenas os de *crítica* e de *ideologia*. Há aí uma dualidade de ressonância kantiana. Que o objeto seja um quase natural que se pretende como natural, isso quer dizer que, em si mesmo, ele é real, como é real também seu trabalho de produção de ilusão naturalista. Mas o resultado é em si mesmo ilusório. Como em Kant, a ilusão é necessária e irredutível mesmo após o trabalho teórico. Mas, diferentemente de Kant, ela não é subjetiva. Como em Hegel, ela é objetiva (se não a separamos de sua gênese). Mas, contrariamente a Hegel, que também a reconhece como necessária, ela é absolutamente irredutível se não se ultrapassar os limites do trabalho teórico. É, no fundo, o caráter ao mesmo tempo absolutamente necessário e real do objeto e de suas ilusões que faz do discurso que as reproduz um discurso ao mesmo tempo *substantivo*, como o discurso hegeliano, e *crítico*, como o discurso kantiano. Esse discurso é negativo à maneira do discurso hegeliano, mas também à maneira de todo trabalho crítico. Essa *dialética crítica* apreende o *conceito* do objeto, que escapa do discurso *"ideológico"*, discurso que substitui o conceito pela "ideia". Assim se desmistifica a ideia ilusória de que o objeto social seria natural, a ideia ilusória de que o objeto social seria convencional, a ideia ilusória da possibilidade de uma redução final da ilusão, mesmo se reconhecida como objetiva e necessária, através de um duvidoso fechamento positivo da dialética enquanto teoria.

***

Ao falar em dialética negativa, juntei uma temática que, pelo menos em sua terminologia, é frankfurtiana, com um desenvolvimento que tinha outra origem (o tocante ao papel do entendimento). Tentei mostrar que, apesar das aparências, há convergências entre os dois movimentos. Porém, essa negatividade de que falei seria idêntica à que visa a dialética negativa de Adorno? Problema que ultrapassa meu propósito aqui, embora se situe em seu prolongamento. Digamos, por um lado, que Adorno (com Horkheimer) parte também, como Hegel e Marx, de uma crítica da "superstição" e do *Aufklärung*; e, como Marx, ele rebate a versão anterior da dialética, no caso a dialética de Marx, a um dos extremos, o *Aufklärung* (em alguns textos, Marx faz o mesmo com a dialética hegeliana). *É um pouco uma "lei do desenvolvimento" na história da dialética, que cada nova dialética situa a forma anterior no nível de um dos extremos da antinomia que ela critica.* Mas nem Marx nem Adorno perdem de vista a originalidade e a força da forma anterior. Quanto ao teor da negação no interior da dialética negativa de Adorno, direi apenas isto para terminar: Adorno *põe* – sem humanismo nem naturalismo – o que fica pressuposto em Marx, o gênero humano e a natureza. Essa posição dos pressupostos marxistas corresponde à história do século XX, à exigência que ela coloca, de *pôr* as determinações que eram apenas pressuposições no século XIX. A transformação que a dialética de Hegel sofre com Marx, no século XIX, é assim a primeira parte de uma história que se prolonga ao século XX com a mutação que a dialética de Marx sofre com os pensadores de Frankfurt. Já no século XXI...

Referências bibliográficas

ADORNO, T. *Dialectique négative*. Trad. franc. G. Coffin; J. Masson; O. Masson; A. Renaut e D. Trouson. Paris: Payot, 1978.

_____. *Minima moralia*: Reflexionen aus dem beschädigten Leben. Frankfurt am Main: Suhrkamp, [1951] 1980. [Ed. bras.: *Minima moralia*: reflexões a partir da vida lesada. Trad. Gabriel Cohn. Rio de Janeiro: Azougue, 2008.]

_____. *Minima moralia*: Réflexions sur la vie mutilée. Trad. franc. E. Kaufholtz e J. R. Ladmiral. Paris: Payot, 1980.

_____. *Negative Dialektik*. Frankfurt am Main: Suhrkamp, [1966] 1970. [Ed. bras.: *Dialética negativa*. Rio de Janeiro: Zahar, 2009.]

ARANTES, P. *Hegel*: a ordem do tempo. São Paulo: Polis, 1981.

ARISTÓTELES. *Aristotle's Metaphisics*. Texto grego e trad. inglesa H. Tradennick. Cambridge, Massachusetts: Harvard University Press, [1935] 1947. [Ed. bras.: *Metafísica*. 2.ed. São Paulo: Edipro, 2012.]

_____. *Métaphysique*. Trad. franc. J. Tricot. Paris: Vrin, 1974.

BIDET, J. *Théorie de la modernité*: Suivi de: *Marx et le marché*. Paris: PUF, 1990.

BLANCHÉ, R. *Introduction à la logique contemporaine*. Paris: A. Colin, 1968.

BOURGEOIS, B. Le "Noyau rationnel" hégélien dans la pensée de Marx. *Actuel Marx*, Paris: PUF, n.13, 1º sem. 1993.

DASCAL, M. (org.). *Conhecimento, linguagem, ideologia.* São Paulo: Perspectiva, 1989.

DOGNIN, P. *Les "Sentiers escarpés" de Karl Marx.* 2v. Paris: Éditions du Cerf, 1977.

DRAPER, H. *Karl Marx's Theory of Revolution.* 4v. Nova York; Londres: Monthly Review Press, 1976-1990.

DUMÉNIL, G. *Marx et Keynes face à la crise.* Paris: Economica, 1977.

ENGELS, F. Umrisse einer Kritik der Nationalökonomie. In: MARX, K.; ENGELS, F. *Marx-Engels Werke.* v.1. Berlim: Dietz, 1956.

FAUSTO, R. *A esquerda difícil, em torno do paradigma e do destino das revoluções do século XX, e alguns outros temas.* São Paulo: Perspectiva, 2007.

_____. Abstraction réelle et contradiction: Sur le travail abstrait et la valeur. *Critiques de L'Économie Politique,* Maspero, nova série, n.3, p.111-2, abr.-jun. 1980. [Primeira parte, n.2, p.88-121, jan.-mar. 1978.]

_____. Dialetique marxiste, historicisme, anti-historicisme. In: *Recherches sur la formation et la portée de la dialectique dans l'œuvre de Marx.* Paris, 1988. 2v. Tese (Doutorado em Letras) – Universidade de Paris. [Ed. bras.: *Dialética marxista, dialética hegeliana*: a produção capitalista como circulação simples. São Paulo: Brasiliense; Paz e Terra, 1997.]

_____. *Marx*: lógica e política, investigações para uma reconstituição do sentido da dialética. v.I. 1.ed. São Paulo: Brasiliense, 1983. [2.ed. 1987.] (MLP, v.I)

_____. *Marx*: lógica e política, investigações para uma reconstituição do sentido da dialética. v.II. São Paulo: Brasiliense, 1987. (MLP, v.II)

_____. *Marx*: lógica e política, investigações para uma reconstituição do sentido da dialética. v.III. São Paulo: Editora 34, 2002. (MLP, v.III)

_____. *Marx*: logique et politique, recherches pour une reconstitution du sens de la dialectique. Prefácio J.-T. Desanti. Paris: Publisud, 1986.

_____. *Recherches sur la formation et la portée de la dialectique dans l'œuvre de Marx.* Paris, 1988. 2v. Tese (Doutorado em Letras) – Universidade de Paris.

FAUSTO, R. *Sentido da dialética (Marx, lógica e política)*. v.I. Petrópolis: Vozes, 2015. (SL)

_____. Sobre a política de Marx. In: *A esquerda difícil, em torno do paradigma e do destino das revoluções do século XX, e alguns outros temas*. São Paulo: Perspectiva, 2007.

_____. *Sur le Concept de Capital*: Idée d'une logique dialectique. Paris: Harmattan, 1996.

FREUD, S. *L'Interprétation des rêves*. Trad. franc. I. Meyerson, rev. D. Berger. Paris: PUF, 1980. [Ed. bras.: *A interpretação dos sonhos*. São Paulo: L&PM, 2016.]

GAUVIN, J. Entfremdung et Entäusserung dans la Phénomenologie de l'Esprit de Hegel. *Archives de Philosophie*, Paris, t.XXV, cad.III-IV, jul.-dez. 1962.

GORZ, A. *Adieux au prolétariat*: Au-delà du socialisme. Paris: Galilée, 1980. [Seuil, 1981.]

_____. *Métamorphoses du travail, quête du sens*: Critique de la raison économique. Paris: Galilée, 1988.

GROSSMAN, H. *Das Akkumulations-und zusamenbruchgesetz des kapitalistischen Systems*. Leipzig: C. L. Hirschfield, 1929. [Ed. esp.: *La Ley de la acumulación y del derrumbe del sistema capitalista*. México: Siglo Veintiuno, 1979.]

HEGEL, G. W. F. Die Vernunft in der Geschichte. In: *Sämtliche Werke*. Ed. G. Lasson. t.VIII. v.2. Leipzig: Meiner, 1923.

_____. *Encyclopédie des Sciences Philosophiques*. v.I: La Science de la logique. Apres., trad. e not. Bernard Bourgeois. Paris: Vrin, 1970. (*Enc.* I) [Ed. bras.: *Enciclopédia das ciências filosóficas*. v.I: A ciência da lógica. São Paulo: Loyola, 2019.]

_____. *Encyclopédie des Sciences Philosophique*. v.III: Philosophie de l'esprit. Apres., trad. e not. Bernard Bourgeois. Paris: Vrin, 1962. (*Enc.* III) [Ed. bras.: *Enciclopédia das ciências filosóficas*. v.3: A filosofia do espírito. São Paulo: Loyola, 2019.]

_____. *Enzyklopädie des philosophischen Wissenschaften im Grundrisse (1830)*. Primeira parte: Die Wissenschaft der Logik. Frankfurt am Main: Suhrkamp, 1970. (*Enz.*)

HEGEL, G. W. F. *Enzyklopädie der philosophischen Wissenschaften im Grudrisse (1830)*. Segunda parte: Die Naturphilosophie. Frankfurt am Main: Suhrkamp, 1970.

_____. *Grundlinien der Philosophie des Rechts*. Frankfurt am Main: Suhrkamp, 1970. [Ed. bras.: *Princípios da filosofia do direito*. São Paulo: Martins Fontes, 1997.]

_____. *La Phénomenologie de l'esprit*. Trad. B. Bourgeois. Paris: Vrin, 2006. [Ed. bras.: *Fenomenologia do espírito*. Petrópolis: Vozes, 2014.]

_____. *La Phénomenologie de l'esprit*. Trad. franc. J. Hyppolite. 2v. Paris: Aubier-Montaigne, 1941.

_____. *La Phénomenologie de l'esprit*. Trad. franc. J. Jarczyk e P.-J. Labarrière. Paris: Galllimard, 1993. (*Phén.*)

_____. *La Théorie de la mesure*. Trad. franc. e coment. A. Doz. Paris: PUF, 1970.

_____. *Leçons sur la philosophie de l'histoire*. Trad. franc. J. Gibelin. 3.ed. Paris: Vrin, 1967. [Ed. bras.: *Introdução às lições sobre história da filosofia*. Portugal: Porto Editora, 1995.]

_____. *Phänomenologie des Geistes*. Hamburgo: Meiner, 1952. (*Ph. G.*)

_____. *Principes de la philosophie du droit*. Trad. franc. A. Kaan. Paris: Gallimard, 1940.

_____. *Sämtliche Werke*. Ed. Hermann Glockner. Stuttgart: Friedrich Fromann Verlag, 20v., 1988.

_____. *Sämtliche Werke*. Ed. G. Lasson. Leipizig: F. Meiner, 1923.

_____. *Science de la logique*. t.I: L'être. Trad. franc., apres. e notas por P.-J. Labarrière e G. Jarczyk. Paris: Aubier-Montaine, [1812] 1972. (L) [Ed. bras.: *Ciência da lógica*. v.1: A doutrina do ser. Petrópolis: Vozes, 2016.]

_____. *Science de la logique*. t.2: La Doctrine de l'essence. Trad. franc., apres. e notas P.-J. Labarrière e G. Jarcsyk. Paris: Aubier-Montaine, 1976. (L, v.II) [Ed. bras.: *Ciência da lógica*. v.2: A doutrina da essência. Petrópolis: Vozes, 2017.]

_____. *Science de la logique*. t.3: La logique subjective ou doctrine du concept. Trad. franc., apres. e notas P.-J. Labarrière e G. Jarczyk. Paris: Aubier-Montaigne, 1981. (L, v.III.) [Ed. bras.: *Ciência da lógica*. v.3: A doutrina do conceito. Petrópolis: Vozes, 2018.]

_____. *Vorlesungen über Äesthetik*. Frankfurt am Main: Suhrkamp, [1970] 1997. [Ed. bras.: *Cursos de estética*. Trad. de Marco Aurélio Werle, Oliver Tolle. 4v. São Paulo: Edusp, 1986.]

_____. *Vorlesungen über die Geschichte der Philosophie III, (Werke* 20). Frankfurt am Main: Suhrkamp, [1971] 1996.

_____. Vorlesungen über die Geschichte der Philosophie. In: *Sämtliche Werke*. v.II. Ed. Hermann Glockner. 20v. Frankfurt am Main: Fromans Verlag (H. Kurz), 1927-1930.

_____. *Vorlesungen über die Philosophie der Geschichte in (Werke* 12). Frankfurt am Main: Suhrkamp, [1970] 1986.

_____. Vorlesungen über die Philosophie des Religion. In: *Sämtliche Werke*. v.16. Ed. Hermann Glockner. 20v. Frankfurt am Main: Fromans Verlag (H. Kurz), 1927-1930.

_____. *Wissenchaft der Logik*. v.I. Lv.I: Das Sein. 1.ed. Gottingen: Vandenhoeck & Ruprecht, [1812] 1966.

_____. *Wissenchaft der Logik*. Primeira parte. Ed. G. Lasson. Hamburgo: Meiner, [1934] 1963. (WL, v.I)

_____. *Wissenchaft der Logik*. Segunda parte. Lv.II: Die Lehre vom Wesen. Ed. G. Lasson. Hamburgo: Meiner, [1934] 1963. (WL, v.II)

HEIDEGGER, M. *Der Satz von Grund*. Pfullingen, Alemanha: Günther Neske, 1957.

_____. *Le Principe de raison*. Trad. franc. F. Préau, pref. J. Beaufret. Paris: Gallimard, 1962.

HYPPOLITE, J. *Genèse et structure de la* Phénoménologie de l'esprit *de Hegel*. Paris: Aubier-Montaigne, 1946. [Ed. bras.: *Gênese e estrutura da* Fenomenologia do espírito *de Hegel*. São Paulo: Discurso Editorial, 2003.]

HUSSERL, E. *Logique formelle et logique transcendantale*. Trad. franc. S. Bachelard. Paris: PUF, [1957] 1984.

KANT, I. *Crítica da faculdade de julgar*. Trad. Fernando Costa Mattos. Petrópolis: Vozes, 2016.

KANT, I. *Œuvres philosophiques*. Trad. franc. F. Alquié. Paris: Gallimard, 1980.

LEBRUN, G. *La Patience du concept, essai sur le discours hégélien*. Paris: Gallimard, 1972. [Ed. bras.: *A paciência do conceito*: ensaio sobre o discurso hegeliano. São Paulo: Editora Unesp, 2006.]

LONGUENESSE, B. *Hegel et la critique de la métaphysique*. Paris: Vrin, 1981.

LÖWY, M. *La Théorie de la révolution du jeune Marx*. Paris: Maspero, 1970. [Ed. bras.: *A teoria da revolução no jovem Marx*. São Paulo: Boitempo, 2012.]

MARX, K. *Contribution à la critique de l'économie politique*. Trad. franc. M. Husson e G. Badia. Paris: Éditions Sociales, 1966. (*Contr*) [Ed. bras.: *Contribuição à crítica da economia política*. São Paulo: Expressão Popular, 2008.]

_____. *Das Kapital*: Kritik der politischen Oekonomie. Alemanha: Verlag von Otto Meisner, 1867. (v.23, 24 e 25 da *Werke*. K, v.I; K, v.II; K, v.III)

_____. *Grundrisse der Kritik der Politischen Ökonomie (Rohentwurf), 1857-1858* [e] *Anhang 1850-1859*. Viena: Europäische Verlaganstalt, [s.d.]. (G) [Ed. bras.: *Grundrisse*. São Paulo; Rio de Janeiro: Boitempo; Ed. UFRJ, 2011.]

_____. *Le Capital*: Critique de l'économie politique. Lv.I: Le Procès de production du capital. Trad. franc. J.-P. Lefebvre. Paris: Messidor--Éditions Sociales, 1983. (C (L)) [Ed. bras.: *O capital*: crítica da economia política. Lv.I: *O processo de produção do capital*. Trad. Rubens Enderle. São Paulo: Boitempo, 2013. (Coleção Marx & Engels.)]

_____. *Le Capital*. Lv.I. Trad. J. Roy. Cronol. e nota introd. L. Althusser. Paris: Garnier Flammarion, 1969.

_____. *Le Capital*. Lv.III. Trad. franc. C. Cohen Solal e G. Badia. Paris: Éditions Sociales, 1957, 1959, 1960. (Ed. S) [Ed. bras.: *O capital*. Lv.III. São Paulo: Boitempo, 2017. (Coleção Marx & Engels.)]

_____. *Manuscrit de 1857-1858, "Grundrisse"*. Ed. sob a responsabilidade de J.-P. Lefebvre. 2v. Paris: Éditions Sociales, 1980. (G (L))

_____. *Theorien über den Mehrwert*. In: MARX, K.; ENGELS, F. *Werke*. t.26. v.I, II e III. Berlim: Dietz, 1965.

MARX, K. *Théories sur la plus-value.* v.II. Trad. franc. sob a responsabilidade de G. Badia. Paris: Éditions Sociales, 1975. [Ed. bras.: *Teorias da mais-valia.* Rio de Janeiro: Civilização Brasileira, 1980.]

_____. *Zur Kritik der politischen Ökonomie.* In: MARX, K.; ENGELS, F. *Werke.* v.13. Berlim: Dietz, 1972.

MARX, K.; ENGELS, F. *A ideologia alemã.* São Paulo: Boitempo, 2007. [Coleção Marx & Engels.]

_____; _____. *Lettres sur* Le capital. Trad. franc. G. Badia; J. Chabbert e P. Meier. Paris: Éditions Sociales, 1964. [Ed. bras.: *Cartas sobre* O capital. São Paulo: Expressão Popular, 2021.]

_____; _____. *Marx-Engels Werke.* Berlim: Dietz, 1953. (W)

MATTICK, P. *Crise et théorie des crises.* Paris: Éd. Champ Libre, 1974.

RICARDO D. *The Principles of Political Economy and Taxation.* Londres; Nova York: Everyman's Library, 1969.

ROLSDOLSKY, R. *La Genèse du "Capital" chez Karl Marx.* v.I: Méthodologie, theorie de l'argent, procès de production. Trad. franc. J.-M. Brohm e C. Colliot-Thélème. Paris: Maspero, 1976.

_____. *Zur Entstehungsgeschichte des marxschen "Kapital", Der Rohentwurf des "Kapital", 1857-1858.* v.I. Frankfurt; Viena: Europäische Verlaganstalt; Europa Verlag, 1969.

SCHUMPETER, J. A. *Histoire de l'analyse économique.* Trad. franc. J.-C. Casanova. Paris: Gallimard, 1963. [Ed. bras.: *História da análise econômica.* 3v. Rio de Janeiro: Fundo de Cultura; Usaid, 1964.]

SMITH, A. *An Inquiry into the Nature and Causes of the Wealth of Nations.* Nova York: Modern Library, 1965. [Ed. bras.: *Riqueza das nações*: uma investigação sobre a natureza e as causas da riqueza das nações. São Paulo: Madras, 2009.]

SPINOZA, B. Éthique. Trad. franc. R. Callois. In: *Œuvres completes.* Paris: Gallimard; Bibliotèque de la Pléiade, 1964. [Ed. bras.: *Ética.* São Paulo: Edusp, 2015.]

TEXIER, Jacques. *Révolution et démocratie chez Marx et Engels.* Paris: PUF, 1998.

TRÓTSKI, L. *Nos Tâches politiques.* Trad. franc. B. Fraenkel. Paris: Denoel Gonthier, 1971. (Coleção Bibliothèque Médiations, n.81.)

SOBRE O LIVRO

Formato: 14 x 21 cm
Mancha: 23 x 44 paicas
Tipologia: Venetian 301 12,5/16
Papel: Off-white 80 g/m² (miolo)
Cartão Supremo 250 g/m² (capa)

1ª edição Editora Unesp: 2021

EQUIPE DE REALIZAÇÃO

Edição de texto
Tulio Kawata (Copidesque)
Jennifer Rangel de França (Revisão)

Capa
Marcelo Girard

Editoração eletrônica
Eduardo Seiji Seki

Assistência editorial
Alberto Bononi
Gabriel Joppert

Impressão e Acabamento